빛의 컨텐츠를 내뿜어라

감사에 젖어 사는 삶을 허락하신 주님을
찬양합니다

일생 하늘의 금향단에
올려드리는 감사의 향이 넘치게 하옵소서

이 은혜를 사랑하는 분들에게 나누고 싶었습니다
감사합니다 사랑합니다

빛의 컨텐츠를
내뿜어라

황성주

발견

* 이 책의 1부와 2부는 저자의 국민일보 컬럼 중 일부를 골라 뽑은 것이며, 3부는 저자의 생각과 신앙의 삶을 보여주는 자전적 원고들이다. ─ 편집자 주

차례

1부

어둠을 탓하지 말고 빛의 컨텐츠를 창조하라	12
강력한 성령의 역사가 전 세계 지성계에 일어나길 바라	22
왜 예수님은 변두리 촌사람들에게 세계 비전을 던졌을까	28
이제 그리스도의 빛을 내뿜는 비전을 선포해야	35
'문제 해결 능력' 가진 성경적 지혜의 사람 키우고 싶다	44
이 땅에 그리스도인이 주도하는 교육 혁명이 절실하다	50
보다 나은 미래 위해 세대 간의 회복과 관계 치유가 절실하다	56
성령의 선교로 돌아가자!	62
세계 복음화의 마무리, 이스라엘 선교 감당할 '통일 코리아'	70
"지금이 통일·선교 한국의 황금기… 1000만 선교사 시대를 열자"	76
젊은이는 교회 떠나는데… 복음 가르치기 위해 몸부림쳤는가	83
절대자·절대가치 부인한 상대주의·진화론은 인류 최대 거짓말	88
세계는 기갈의 시대… 부흥과 추수 일어나 더 많은 영혼 구원되길	94
'슬기로운 다섯 처녀'처럼 주님의 다시 오심을 준비하는가	100
창조적 대분출을 위한 믿음의 생태계를 구축하라	107

전 세계의 지각변동은 선교전략의 급진적 변화를 요구하고 있다   113
정확한 선교 현황 파악·전략 수립 필요… 겸손히 연합, 복음 전해야   119
죄를 덮는 것은 은혜가 아니다   126

2부

"삶에서 직면한 모든 문제는 하나님 만나는 접촉점이 된다"   136
이성 넘어 '사랑의 진리' 향한 유럽 인문학의 역사를 걷다   142
복음에 진심이었던 모라비안 공동체… 눈보라에도 따스함이   148
영성을 깨운 존 웨슬리·CS 루이스… 그 길에서 미래를 보다   154
핍박 받는 지역에 집중하라… 새로운 상황에 맞는 복음화 전략 절실   160
통곡의 땅 튀르키예에 그리스도의 계절은 올까   166
'통곡의 땅'에 심은 복음의 씨앗… 쑥쑥 자라도록 기도는 계속된다   172
중보자 기도로 이뤄낸 남아시아 부흥… 교회 넘어 전방위로 확산   178
2000년 전 마가 다락방 성령의 역사를 예루살렘서 보다   183
美 작은 시골마을에 연인원 7만명… 부흥의 불씨 퍼뜨리다   189

3부

내 인생을 뒤흔든 변화의 시작점	201
콜로라도	207
고통의 심연에 복음의 샘이 터지고	213
거지 순례 전도 여행	219
청춘을 던져 아낌없이 헌신한 날들	225
롤 모델들과의 만남의 축복	231
기도의 능력	237
작가가 되다	243
국제사랑의봉사단	249
빈민가와 무의촌 의료 봉사	255
사랑의병원	261
생식	267
정도 경영의 길을 가기로 다짐했던 날	273
나의 꿈의 직업	279
꿈의학교	285
겨자씨 믿음	291

내적 치유	297
선교	303
고비 사막 마라톤 대회	309
백만 자비량 선교 운동	315
선교와 변혁	321
이롬 콜로라도 공동체	327
짐마, 에티오피아	333
쿠미대학교	339
영적 담금질	345
5 베이직 운동	351
이롬플러스	357
통일 한국	363
10억 영혼 추수	369
기도 특전단	375
기도의 씨앗	381
나의 어머니	387
푯대를 향해 달려가며	393

1부

어둠을 탓하지 말고
빛의 컨텐츠를 창조하라

이번 한강 작가가 노벨문학상을 수상한 것은 봉준호 감독의 '기생충'이 4년 전 아카데미 상을 휩쓴 것 같은 극적인 자랑스러움을 대한민국 국민들에게 안겨준 쾌거라 볼 수 있다. 한 작가의 대표작 '채식주의자'는 정말 놀라운 작품이다. 상상을 초월한 독특한 소재와 상황 인식, 심각한 주제에 흥미를 갖춘 탄탄한 스토리, 장편시를 연상할 정도의 실험적 문체와 탁월한 표현력으로 문학적 완성도를 높인 보기 드문 소설이다. 이를 통해 한국 문학의 수준이 세계적 수준으로 성장했음을 알리는 기념비적 작품으로, 이후 한강 작가를 뛰어넘는 노벨문학상 수상자가 줄줄이 나오기를 기대해 본다.

다만 상당수 크리스천들이 한강 작가의 다른 소설 속 내용과 그 정치적 성향을 이유로 작가의 인격성과 작품성까지 폄훼

하는 것이 과연 옳은지 깊이 생각할 필요가 있다. 프리드리히 니체나 지그문트 프로이트의 학문 세계에 반기독교적인 컨텐츠를 포함하고 있다고 해서 그들이 세계적인 철학자나 탁월한 심리학자가 아니라고 할 수는 없기 때문이다.

기독교적 시각에서 본 '채식주의자'

그럼에도 불구하고 크리스천의 삶의 표준이자 절대 진리인 성경적 관점에서 '채식주의자'의 내용과 관련해 몇 가지 안타까운 점을 지적하지 않을 수 없다. 첫째 이 책을 일반 부모들이 교육적 측면에서 자녀들에게 추천할 수 있는 책인가의 문제이다. 책을 읽은 일반인들도 불편함을 호소했다. 작가에게도 '이 책을 자녀에게 자랑스럽게 읽힐 수 있는가'라고 감히 묻고 싶다.

이 책은 경기도에서 청소년 유해도서 폐기 대상으로 선정될 정도로 심각한 내용을 담고 있어 자녀들에게는 도저히 읽힐 수 없는 책이다. 비록 '억압에 대응하는 처절한 고뇌와 극단적 자아 해방'이라는 고상한 주제를 다룬다고 볼 수 있지만 성인소설에 가까운 퇴폐적 성적 묘사와 원형질적 욕망의 폭발은 독자를 당황케 한다. 특히 2부 '몽고반점'의 대부분을 차지하는 외설적 내용은 최소한의 선을 넘었고 성적 관음과 변태적 욕망을 예술로 미화시킨 것은 속임수에 가깝다.

한국교회는 어둠의 문화를 진단하고 비판하는 것을 넘어 빛의 컨텐츠를 창출해야 한다.

형부와 처제의 불꽃 같은 불륜 묘사는 사회적 금기를 용인한 듯한 인상을 준다. 이러한 극단의 퇴폐성을 '성애의 꽃밭에서 피어나는 심미적 경험'이라고 극찬한 한 평론가의 평가는 개탄을 금치 못한다. 물론 저자의 의도는 다를 수 있다고 생각할 수 있다. 하지만 권위 있는 노벨상을 탄 유명세가 청소년들은 물론 일반 대중에게 어두움의 영향력을 심화시키는 역할을 할 수 있다는 우려를 금할 수 없다. 이제 한강 작가는 좋든 싫든 영향력 있는 국가적 리더로서 도덕적 책임을 감당해야 함을 명심할 필요가 있다.

둘째 '소수자=피해자, 다수자=가해자'라는 등식은 매우 곤란하다. 모든 인간은 다 죄인이며 개인이든 집단이든 인간은 누구나 피해자인 동시에 가해자라는 것이 성경의 진단이다. 이러한 편향적 논리는 이제 폐기해야 마땅하다. 특히 크리스천에게 이 논리는 성소수자에게도 적용할 우려가 큰 만큼 부정적 측면의 도덕적, 영적 파장을 염려하지 않을 수 없는 상황이다. 필자는 한강 작가에게 권고하고 싶다. 이제는 단순히 유명 작가를 넘어 존경받는 작가로, 진영 논리를 뛰어넘어 동서남북으로 갈라진 민족의 화해를 이루는 피스메이커로서 모두에게 사랑받는 역할 모델을 해달라고 말이다.

셋째 이제는 문학적 완성도보다 다루고 있는 컨텐츠에 대한 건강한 고뇌와 통렬한 자기 성찰에 몰입하라고 조언하고 싶다. 특히 채식주의자를 포함한 한강 작가가 그리는 작품 속 인간의 내면은 피해의식 죄책감 수치심 분노 공포 탈선 절망이라는 칠흑 같은 어둠으로 채워져 있다. 한마디로 '절망의 문학'이다. 그러나 이제는 '희망의 문학'으로 전환하라고 촉구하고 싶다.

오늘의 시대와 같은 세기말적 혼돈과 불안의 시대에 어둠의 컨텐츠는 더 이상 문학과 예술의 주제가 돼서는 안 된다. 하나님이 정하신 예술과 문학의 기능은 치유와 회복이라는 빛의 기능이 훨씬 크다. 물론 고발과 비판 기능이 필요하긴 하나 이는 희망을 전제로만 허용될 수 있다. 다행히 채식주의자는 하나님을 떠난 인간의 비참한 현실과 그 종말을 보여준다. 주인공인 영혜와 영혜의 남편, 형부, 언니는 모두 하나님을 떠나 방황하는 인물들이다. 앞서 언급했듯 가해자이든 피해자이든 모든 인간은 다 죄인이다. 즉 모두가 죽음으로서의 존재이고 구원을 갈망하고 있다.

어둠만 탓하지 말고 빛의 컨텐츠 만들어야

영화 기생충이나 소설 채식주의자가 인류의 명작으로 남기는 어렵다. 그 이유는 진단만 있지 처방이 없기 때문이다. 물론 진단도 중요하다. 그러나 절대 기준을 상실한 시대의 방황을 빛과 희망 그리고 감동적 터치로 치유해 줄 빛의 컨텐츠가 더 절실한 시점이다. 도스토옙스키의 걸작 '카라마조프가의 형제들'에 나오는 알루샤, 톨스토이의 '부활'에 등장하는 카츄샤처럼 구원의 진리가 필요하다.

톨스토이는 러시아 귀족으로서 당연시되던 타락한 삶을 회개하고 형의 죽음이 던진 번민과 허무함 속을 헤매다 기독교 진리의 빛을 만나 인생을 전환한다. 그의 '참회록'엔 이 과정이 고스란히 담겨 있다. 참회록 이전까지 그는 '전쟁과 평화'를 비롯해 불륜소설 '안나 카레니나' 등을 집필하며 승승장구했지만, 이후 메멘토모리(죽음을 기억하라)를 담은 '이반 일리치의 죽음' 그리고 복음서의 정신을 담은 다양한 작품 등을 썼다. '부활'은 이렇게 인생 후반에 쓴 작품이다.

현대인을 대표하는 소설 속 비극적 인물들, 그들의 갈증은 사실상 빛이신 예수 그리스도에 대한 갈증이자 진리에 대한 목마름이라고 볼 수 있다. 독자들에게 빛의 옷자락이라도 만지게 해야 할 숭고한 의무가 작가들에게 있어야 한다. 사실 채식주의자에서 영혜가 절박하게 추구했던 진정한 자유는 성경 말씀 "너희가 내 말에 거하면 참으로 내 제자가 되고 진리를 알지니 진리가 너희를 자유롭게 하리라"(요 8:31~32)처럼 진리이신 예수 그리스도 안에서만 누릴 수 있다.

최근 한국교회의 가장 큰 문제점은 진리를 사수하는 수비만 있지 진리를 선포하는 공격이 없다는 점이다. 어두움의 컨텐츠를 방어하는 데는 총력을 기울이지만 빛의 컨텐츠를 개발하고 적극적으로 보급하는 일에 무기력하다는 점이다. 필자는 27일 열리는 연합예배와 기도회에 모든 성도가 참여해 빛의 컨텐츠를 전 국민에게 알리기를 기도한다. 창조 원리에 반하는 반생명·반윤리적 악행과 이를 법제화하려는 시도, 인격과 가정을 파괴하는 동성애·동성혼 제도화를 반대하는 취지에 전적으로 공감한다. 하지만 어두움만 탓하지 말고 스스로 빛이 되는 내부의 통렬한 자기 성찰과 시스템의 창조적 혁신이 병행되기를 바란다. 그리고 말씀의 진리에 굶주리고 사랑이 식어가는 종말론적 상황에서 적극적으로 복음을 전하고 이웃 사랑을 실천하는 빛의 이벤트가 되기를 기도한다.

최근 필자는 전 세계 10억 영혼에게 복음을 전하는 '빌리온 소울 하비스트 운동'에 깊이 동역하던 한 미국교회에서 '용서함 받았네'(forgotten)라는 유명한 그림을 선물 받은 적이 있었다. 그때 받은 충격은 학창 시절 처음 접했던 밀레의 '만종'에서 밀려오는 감동, 러시아 선교를 위해 상트페테르부르크에 갔다가 성이삭성당의 벽에서 보았던 '돌아온 탕자'의 감동과 충격을 능가할 만큼 대단한 것이었다. 망치를 들고 예수 그리스도를 못 박고 있는 현대인을 뒤에서 품고 계시는 예수님의 얼굴을 잊을 수 없다.

한강 작가가 자신의 정치적 이념을 수려한 작품 속에 녹여내듯 우리도 고도의 문화적 침투성을 가진 빛의 컨텐츠를 개발해 복음을 전할 수는 없을까를 고민하며 밴치마킹할 때가 되었다. 이제는 창조적인 빛의 문화를 통해 복음의 생태계를 대대적으로 구축해야 할 시점이다.

빛의 컨텐츠 메이커로 대반전 기대

한강 작가는 필자와 동향 출신이기도 하다. 나는 어린 시절을 저항 정신의 중심인 광주광역시에서 자랐다. 그리고 아버지가 날마다 어머니를 때리는 가정 폭력의 트라우마를 겪었다. 이후 필자는 사회생활 대인관계에서도 항상 피해의식과 숨겨진 분노가 있었고 병든 자아로부터 자유롭지 못했다. 그 처절한 연약함 속에 독버섯처럼 죄성이 자리 잡아 결국 피해자인 내가 가해자로 어둠 속에 살고 있음을 깨닫고 결국 빛이신 예수 그리스도를 인격적으로 만나게 되었다. 그래서 한강 작가가 겪었을 내면세계의 고통과 방황을 깊이 공감할 수도 있을 것 같다. 그래서 예수 그리스도의 이름으로 이렇게 권면하고 싶다.

"한강 작가님, 이제 그만 자아의 억압과 고통의 터널에서 나오십시오. 예수님을 만나시고 진리 안에서 자유를 누리십시오. 대학 재학 시절 수없이 들었을 연세대학교의 교훈 '진리가 너희를 자유케 하리라'는 말씀을 다시 한번 상기해 보시기 바랍니다. 이제 더이상 어둠을 탓하지 말고 빛으로 나오기 바랍니다. 하나님이 부여하신 놀라운 재능과 영향력으로 구원을 갈망하는 민초들에게 빛의 컨텐츠의 본질이자 참된 진리이신 예수 그리스도를 기쁨으로 소개하는 인생의 대반전이 있기를 기도합니다."

강력한 성령의 역사가
전 세계 지성계에 일어나길 바라

지금은 프론티어 벤처스(Frontier Ventures)로 이름을 바꾼 미국 세계선교센터를 설립한 랄프 윈터 박사는 세계 복음화의 10대 맹점 중 최악이 교회가 대학을 포기한 것이라 지적했다. 윈터 박사는 종족 개념 사고(people group thinking)와 급진적 상황화(radical contextualization)로 세계 선교에 결정적인 역할을 한 분이다.

최근 국제꿈의학교(IDS) 미국 동부 순회사역팀과 함께 하버드 예일 프린스턴 컬럼비아대학 등을 돌며 명확하게 확인한 것은 미국 제1,2 대각성운동의 주축이 최고의 지성인들이었고 이 대학들은 사실상 '하나님 나라의 사역자들'을 양성하기 위해 설립된 청교도 사관학교였다는 점이다. 이는 성경적 시각으로 미국 근현대사를 파악할 때 간과하지 말아야 할 부분이다. 우리나라 최초 교육기관을 설립한 분들이 선교사들이고 그 신앙과 정신을 배운 졸업생들이 대한민국 건국의 기초를 닦은 민족의 사표로 존경받고 있는 것과 궤를 같이한다고 할 수 있다.

1차 대각성운동으로 미국을 뒤흔든 조너선 에드워즈 목사는 회개를 강조하며 부흥을 주도한 유명한 목회자이면서 신학자, 초대 프린스턴대 총장을 지낸 지성계의 거목이다. 2차 대각성운동의 주역도 에드워즈의 외손자이며 예일대 총장이었던 티머시 드와이트 박사이다. 물론 1차 대각성엔 죠지 휫필드, 2차 대각성엔 찰스 피니 등 성령의 사람들이 동역을 이루며 말씀과 성령의 균형을 유지했다.

사실상 하버드와 예일은 1,2차 대각성 운동과 깊은 연관성을 가지고 있으며 프린스턴대학에 부흥을 일으켜 명문으로 부상시킨 존 위더스푼 총장, 여기서 영향을 받은 졸업생들이 흩어져 오늘날 애즈버리대학 등 많은 크리스천 대학을 설립했다. D L 무디가 주도했던 3차 대각성운동 이후 수많은 대학생들이 세계 선교에 헌신했던 것도 매우 주목할 만한 현상이었다.

문제는 미국 대각성 운동이 일어난 뉴잉글랜드와 뉴욕 지역이 현재는 무신론과 진화론 등 세속화의 중심지가 됐다는 것이다. 초창기 강력한 복음주의 운동이 일어났으나 하버드와 예일이 이 운동에 반대하자 실망한 하버드 출신 뉴저지 총독 조너선

벨처는 프린스턴대 설립을 지원했고 1754년 프린스턴 설립을 계기로 컬럼비아대학이 세워져 예일 출신 새뮤얼 존슨이 초대 총장으로 부임했다.

영국의 케임브리지대가 1209년 국교를 옹호하던 옥스퍼드 대로부터 벗어난 신학자들에 의해 세워졌음을 생각해 보면 영미권 주요 대학의 신앙적 계보는 옥스퍼드 → 케임브리지 → 하버드 → 예일 → 프린스턴 → 컬럼비아로 이어지는 셈이다. 그런데

1부   25

국제꿈의학교 학생들이 미국 Ivy League 대학들을 방문하여 설립 당시 정신을 기억하며 파이팅을 외치고 있다.

지금은 성경적 지성의 원천이었던 6개 대학이 앞다투어 세속화의 첨단을 달리고 있다.

오는 9월 29일부터 강원도 평창 알펜시아에서 열리는 글로벌 하비스트 서밋(GHS)의 주요 세션 중 하나가 '대학을 탈환하라(Retake University)'를 주제로 열리는 세계 크리스천 대학 총장 회의이다. 이 회의는 아시아를 대표하는 한동대, 아메리카를 대표하는 미국 애즈버리대, 아프리카를 대표하는 우간다 쿠미대가 중심이 되어 100명의 세계 유수 크리스천 대학 총장을 초청해 열리는 회의이다.

이번 대회를 통해 우선 애즈버리 부흥의 모델을 정교화하고 업그레이드시켜 캠퍼스 영혼 구원의 배가 부흥 플랫폼을 세계화하는 것이다. 둘째는 영혼 구원과 제자훈련을 통한 차세대 양육에 몰입하되 차세대가 차세대에게 복음을 전하는 새로운 플랫폼의 확산이다. 셋째는 최대의 복음 팬덤을 확보하는 킬러 컨텐츠 개발과 미디어 선교를 위한 스마트 선교사를 키우는 것이다. 넷째는 교육 1.0, 2.0, 3.0, 4.0을 망라한 '뛰어난 인성·영성 함양과 탁월한 문제 해결 능력을 갖춘 하나님의 사람'을 키우는, 성경적이면서 혁신적인 교육 시스템의 하드웨어와 소프트웨어의 세계화이다.

작년 초 옥스퍼드대를 방문했을 때 가장 먼저 찾은 곳은 세계적 기독교 변증가인 CS 루이스의 생가였다. 그는 평생 케임브리지대 철학 교수로 살았고 21세기를 빛낸 25대 인물 중 한 명이다. 만약 루이스가 아니었으면 얼마나 많은 지성인이 영성과 지성의 만남을 갖지 못하고 하나님을 떠났을까를 생각하면 아찔해진다. 그의 사유 덕분에 나 자신도 청년 시절 갈등 없는 믿음을 소유하게 되었다.

그리고 대학 1학년 시절 한국대학생선교회(CCC) 교재에서 '예수 부활은 역사적 사실인가'를 공부하면서 살아계신 하나님을 더 확신하게 되었고 이후 한 번도 흔들리지 않는 믿음을 가지게 됐다. 마르틴 루터는 '사탄은 경건과 지성이 결혼하는 것을 가장 싫어한다'는 유명한 말을 했다. 영적 싸움의 핵심은 지적 싸움이고 기독교 신앙에서 초월성과 합리성의 분리는 사탄의 가장 큰 성공작이다.

"우리의 싸우는 무기는… 오직 어떤 견고한 진도 무너뜨리는 하나님의 능력이라 모든 이론을 파하며 하나님 아는 것을 대적하여 높아진 것을 다 무너뜨리고 모든 생각을 사로잡아 그리스도에게 복종하게 하니."(고후 10 : 4~5) 강력한 성령의 역사가 전 세계 지성계에 일어나길 바라며 기도하고 있다. 이번 GHS와 세계 크리스천 대학 총장 회의에 애즈버리대에서 일어난 부흥보다 더 큰 성령의 폭탄이 터지도록 기도하고 있다. 모든 부흥의 최종적 열매는 복음 전도를 통한 영적 대추수가 돼야 한다.

왜 예수님은 변두리 촌사람들에게
세계 비전을 던졌을까

예루살렘은 세계 역사의 시작점이자 끝이면서 지리적으로 땅끝이다. 그런데 세계의 중심 예루살렘은 지금 전시체제이고 불확실성의 안개가 드리워져 있다. 도심과 골목마다 군인들이 진을 치고 있다. 빌리온 소울 하비스트(BSH) 이스라엘 대회에 참석하는 통일 코리아 팀이 최근 텔아비브 공항에 도착했을 때 관광버스는 한 대도 없었다. 코로나19 팬데믹이 막 끝난 지난해 수십 대가 북적이던 모습과는 확연히 다르다. 모든 전시 상황이 그렇듯 이스라엘은 매우 위축된 상황이다. 반면 국제꿈의학교 학생들과 탈북 청년들로 이루어진 BSH 이스라엘 선교팀은 상황을 초월한 기쁨의 찬양과 담대한 기도로 나아가며 주님이 행하실 일들을 기대하고 있다. 세계복음화의 완성이라는 차원에서 통일 선교를 목표로 하며 최후의 선교 도전인 이스라엘 선교를 강하게 추구하고 있기 때문이다.

현존하는 지상 교회 중 실제 출석 성도 수가 가장 많은 교회는 인도 하이드라바드의 갈보리 템플이다. 50대 초반의 사티시 쿠마르 목사는 이 교회 설립자로 인도의 대부흥과 대추수를 주도할 뿐 아니라 전 세계에 엄청난 영적 파장을 일으키고 있다. 오순절 교회나 은사주의 교회가 아닌 오직 회개를 강조하는 말씀 위주의 교회가 이토록 부흥하는 현상은 정말 보기 드문 일이다.

그는 강단 뒤의 단칸방 집에서 살고 있는데 한번은 그 집에서 식사 교제하던 중 이런 말을 들려줬다. "초대형 교회 목사들을 가끔 만나는데 그들에게는 치명적인 약점이 있다. 그것은 비전이 너무 작다는 것이다. 어느 정도 목회적 꿈을 이루면 현실에 안주한다. 도전적 삶과 뜨거운 영성이 사그라진다. 끝없이 추구해야 하는 위대한 비전과 담대한 목표가 없다 보니 절박하게 주님을 붙잡을 일이 없어지고 무사안일 속에서 쉽게 타락의 길을 간다." 정말 핵심을 찌르는 충격적인 진단이었다.

왜 사도 바울은 로마서 15장 28절에서처럼 로마를 거쳐 스페인으로 가려고 그토록 열망했는가. 그것은 스페인이 당시의 땅끝이었기 때문이다. 그는 자기 생애에 지상명령을 완수하고 싶어 했다. 조지 뮬러는 평생 10만명의 고아를 섬기다 70세가 되던 해 순회 복음 전도자가 되어 20년간 전 세계를 다니며 무려 300만

BSH 이스라엘 대회에 참석한 메시아닉 유대인과 한국 통일 코리아 이스라엘 선교팀이 이스라엘 아스돗 베스할렐교회에서 기념촬영을 하고 있다.

명에게 복음을 전파했다. 국제예수전도단(YWAM) 설립자 로렌 커닝햄은 마지막 순간까지 세계 선교에 헌신하며 200개국을 다니다가 88세에 천국으로 떠났다.

이들이 말년까지 거룩과 성결을 유지하며 위대한 사역을 완성했던 유일한 이유는 끝없는 도전 정신에 있었다. 자신을 쉴 새 없이 몰아붙이며 완수해야 할 절박한 목표가 있었기 때문이다. 그 태도가 부패와 타락을 막았다. 그 열정이 자아도취와 자아숭배로부터 구원했다.

이제는 편리의 타락과 여유의 영성에 대해 눈떠야 한다. 거대한 어둠의 세력이 모든 미디어와 SNS를 총동원해 편리와 여유의 틈새로 지옥의 컨텐츠를 쏟아내고 있다. 특히 돈 섹스 권력이 병든 상상력을 동원해 죄악을 미화하며 쾌락과 탐욕을 정당화하고 있다. 세계관의 전쟁이요 상상력의 싸움이다. 병든 상상력에 사로잡히면 바른 꿈과 목표가 없어지고 열정이 죽는다. 삶의 가장 큰 상실은 질병이나 파산이나 죽음이 아니다. 비전의 부재요 열정의 죽음이다. 우리의 불행은 '꿈을 이룰 수 없는 것'이 아니라 '이룰 수 없는 꿈이 없는 것'이다. 하나님은 '네 입을 크게 열라. 내가 채우리라'고 말씀하신다. 아예 입을 열지 않는 것이 문제다. 모두가 비전이 없어 죽어가고 있다.

상상력의 부재이다. 성경적 상상력을 키우려면 하나님의

말씀을 내게 주신 말씀으로 받아야 한다. 성경에 등장하는 인물과 상황에 자신을 대입해 입체적으로 분석해야 한다. 그리고 경이로움을 체험해야 한다. 꿈은 경이의 감정에서 탄생한다. 그러려면 새로운 세계를 경험하고 누려야 한다. 따뜻한 항구를 떠나지 않고는 신대륙을 발견할 수 없다. 내가 알고 있는 세계에선 꿈이 생기지 않는다. 새로운 세계에 접할 때 꿈이 생기고 비전이 탄생한다.

최근 한국 교계와 선교계의 리더십에 있는 사역자들의 부패와 타락이 성경적 영성의 본질을 흐리며 사회 이슈화되고 있다. 모두가 편리의 타락성과 여유의 영성을 관리하지 못한 탓이다. 지도자가 안전지대에 머물면 자아도취가 시작된다. 비전은 왜소해지고 열정은 자취를 감춘다. 종교인은 이단이 되고 경제인은 탐욕의 노예가 되고 정치인은 독재자가 된다.

나는 그리스도인이 아니더라도 모든 분야의 톱리더들이 이 말씀을 붙잡길 바란다. "나는 아직 내가 잡은 줄로 여기지 아니하고 오직 한 일 즉 뒤에 있는 것은 잊어버리고 앞에 있는 것을 잡으려고 푯대를 향하여 그리스도 예수 안에서 하나님이 위에서 부르신 부름의 상을 위하여 달려가노라."(빌 3 : 13~ 14)

비전 상실은 대개 첫사랑의 상실과 같이 온다. 영성의 본질은 주님을 사랑하고 이웃을 사랑하는 것이다. 주님께 대한 첫사랑을 상실하면 그 자리를 슬그머니 음녀가 차지하게 된다. 주님보다 더 사랑하는 대상이 생기는 것을 성경은 영적 간음이라 한다. 필자가 BSH를 위해 전 세계를 다니며 영혼 구원에 전력하는 것은 소명 때문이기도 하지만 더 중요한 이유는 타락하지 않기 위해서이다.

그래서 요즈음 사도 바울이 말한 "내가 복음을 전할지라도 자랑할 것이 없음은 내가 부득불 할 일임이라 만일 복음을 전하지 아니하면 내게 화가 있을 것이로다"(고전 9:16) 말씀을 깊이 이해하고 있다. 왜 예수님은 변두리 촌사람들에게 세계 비전을 던지고 땅끝까지 보내셨을까. 깊이 묵상하기 바란다.

이제 그리스도의
빛을 내뿜는 비전을 선포해야

현재 세계의 중심은 한국과 미국, 이스라엘이다. 한국은 북한의 붕괴와 임박한 통일코리아의 어젠다로, 미국은 세계의 미래를 좌우할 대통령 선거의 어젠다로, 이스라엘은 전쟁과 절박한 생존의 어젠다로 긴장감이 감돌고 있다. 그리고 세계 역사의 소용돌이는 빛과 어둠이라는 두 개 축을 중심으로 일어나고 있다. 즉 세계 복음화의 완성이라는 축과 혼돈 절망 무질서의 축을 향해 달음질치고 있다. 이 와중에 하나님의 창조질서 회복이라는 주제로 가을이 깊어가는 대한민국의 수도 서울에서 110만명의 성도가 집결한 가운데 연합예배와 큰 기도회가 열렸다.

44년 만에 외쳐진 믿음의 절규

이번 10·27 연합예배는 1980년 세계복음화대성회 이후 44년 만에 외쳐지고 들려진 말씀의 선포와 기도의 절규였다. 영적 3·1운동처럼 역사의 획을 긋는 믿음의 대역사였다. 모든 교회와 성도가 기적처럼 위대한 연합(Great Unity)을 이루어 대한민국의 영적 흐름을 반전시키는 '하나님의 나타남'이었다. 이는 1980년 8월 14일 밤 서울 여의도광장에 200여만명이 모여 세계 복음화를 선포한 세계 역사상 전무후무한 집회 이후 다시 한번 한국뿐 아니라 전 세계 한인 성도들의 기도를 집결시킨 하나님의 강권적인 대역사였다.

대회는 기획 단계부터 많은 논란을 일으켰다. 정치적 색채는 물론 기독교의 세 과시라는 이슈가 불거졌다. 역사학자 이만열 교수가 지적한 대로 '십자군의 길'이냐 '십자가의 길'이냐는 논란은 의미심장한 지적이다. 그러나 놀랍게도 모든 우려를 불식하고 교파를 초월해 겸손하게 하나 돼 이 대회를 섬겼고, 전체적으로 아름다움과 품격이 느껴지는 성숙하고 질서 있는 대회로 마무리됐다. 잠시 내린 가랑비까지 축복의 단비로 느껴질 만큼 처음부터 끝까지 긴장감과 기대감을 유발하는 한 편의 역동적 드라마였다. 필자는 미국에서의 중요한 일정 탓에 SNS를 통해 조용히 동참했지만 마치 영적 태풍이 불처럼, 바람처럼 한반도 땅을 스쳐 간 듯한 느낌을 받았다.

무엇보다 이 대회를 통해 하나님만이 영광을 받으신 것에 감사하지만 '이 땅을 위하여 성을 쌓으며 성의 무너진 데를 막아서서 멸하지 못하게 할 사람'이었던 대표자 두 분의 숨은 공로를 언급하지 않을 수 없다. 오직 하나님의 긍휼을 구하며 이 대회를 실질적으로 성사시킨 손현보 세계로교회 목사의 순수성과 열정에 대해서는 아무도 이의를 제기하지 않을 것이다.

코로나19 팬데믹으로 이슬람까지 무너진 상황에서 세계에서 유일하게 공예배를 지켜내고 순교적 각오로 온 성도가 줄기차게 복음을 전파한 세계로교회의 헌신은 부럽기 그지없다. 이는 언론의 무차별한 공격처럼 공공성의 문제가 아니라 하나님의 존재를 세상에 드러내려는 믿음의 실험이었고 850명의 바알과 아세라를 섬기는 선지자와 홀로 대결했던 엘리야처럼, 바벨론에서 극적으로 생존한 다니엘과 세 친구처럼, 절대 신앙의 승리를 보여준 쾌거였다고 생각한다. 필자는 빌리온소울하비스트 운동을 하면서 얼마나 철저히 자기를 부정하고 낮추어야 모든 리더들을 하나로 묶어낼 수 있는지를 처절하게 경험했기에 손 목사의 그동안 고통과 아픔을 동병상련의 마음으로 지켜보았다.

이번 대회 두 번째 말씀 선포자로 등장해 '주여 다음세대를 살려 주시옵소서'라고 피를 토하듯 기도했던 김양재 우리들교회 목사의 부르짖음은 평생 잊히지 않을 것 같다. 그는 우리들교회를 통해 성경 진리대로 어떤 대가를 치르더라도 가정의 거룩함을 사수하는 목회로, 사역자를 포함한 전 성도의 철저한 회개와

공적 치리의 시행으로 유명하다.

　그 배경을 알아야 그가 설교 중에 언급한 '회개의 적용, 회개의 무게, 죄의 대가를 치르는 회개'라는 용어들을 이해할 수 있다. 내가 아는 한 김 목사는 한국교회에서 회개를 언급할 수 있는 몇 안 되는 리더 중 한 분이다. 그리고 '우리의 동성애자들을 사랑합니다. 어서 속히 돌아오게 하여 주시옵소서'라는 그의 기도는 많은 것을 깨닫게 해준다.

　우리는 동성애를 결사반대하는 것이지 동성애자는 긍휼히

여기고 끝까지 사랑해야 함을 인식해야 한다. 자칫 죄는 미워하지만 죄인을 사랑해야 함을 잊고 바리새인처럼 살아갈 때가 많다. 더욱이 모든 인간은 다 죄인이며 치료의 대상이고 사랑의 대상임을 잊어서는 안 된다.

리더들의 철저한 회개, 반대 의견 경청해야

미국의 리더들에게 기회가 있을 때마다 필자는 이렇게 힘주어 말한다. "미국의 기독교가 낙태 반대, 동성애 반대로 낙인찍

혀 중요한 사회적 이슈에 반대만 하는 세력으로 인식되는 것이 문제입니다. 절대 진리인 성경을 사수하는 것도 중요하지만 그리스도인들이 빛의 사자로, 고통받고 상처받은 이들을 품어주는 하나님 사랑의 전달자로, 무엇보다 서로 사랑하는 공동체로 빛 된 삶을 보여주는 것이 중요합니다."

이제 한국교회도 진리를 사수하는 데 그치지 않고 '낙태(생명보존) 상담센터' '동성애자 치료센터' 등을 개설해 적극적으로 돕는 역할을 감당해야 그리스도인들을 편향적으로 바라보는 한국 사회에 당당하게 할 말이 생긴다. 무엇보다 최근 사회적 물의를 일으키며 지탄을 받았던 한국교회가 다행히도 이번 대회에서 새로운 면모를 보였는데 회개의 기도를 드렸던 리더들은 나름대로 진실해 보였고 틈틈이 선포됐던 '건강한 가정, 거룩한 나라' 비전은 힘이 있었다.

이제 한국교회는 아슬아슬한 수비에서 강력한 공격으로 전환할 때가 된 듯하다. 사실 최상의 수비는 공격이다. 이제는 복음 전파에 전력할 때이다. 무엇보다 첫 번째 설교자인 박한수 제자광성교회 목사가 언급한 대로 앞으로 3년의 골든타임이 너무나 중요하다. 주님의 재림과 통일이 임박한 시대적 상황 속에서 이제 복음의 생태계를 구축하고 모든 방법을 총동원해 빛의 컨텐츠인 복음 전파에 전력해야 한다. 그러기 위해서는 집단 영성과 집단 지성을 발휘해 대국민 신뢰 회복 프로세스를 작동시켜

야 하고 모든 성도가 이웃 사랑을 대대적으로 실천하며 빛과 소금으로 '킹덤 라이프'(하나님 나라 삶)를 살아내야 한다.

무엇보다 중요한 것은 영적 리더들의 처절한 회개와 철저한 자기성찰이 선행돼야 하고 교회 개혁에 대해 '급진적 개방성'과 '급진적 투명성'을 목표로 창조적이고 혁신적인 접근이 필요하다. 김 목사의 지적대로 성도들과 일반 국민들이 느껴질 정도의 회개의 무게, 즉 죄의 대가를 치르는 회개의 열매가 보여야 한다.

이를 위해 개혁 대상으로 한 번이라도 구설에 올랐던 리더들은 본인을 위해서라도 스스로 자중할 필요가 있음을 깊이 고려해야 한다. 물론 개인적 억울함도 있을 수 있으나 하나님의 개입을 인정하면서 범사에 감사하고 뒤에서 조용히 도우며 하나님께만 인정받는 태도가 절실한 시점이다. 그리고 이번 대회를 주도했던 분들에게 혹시라도 만에 하나 기독교 세력을 과시했다는 생각은 한 치라도 허용돼서는 안 되며 오직 하나님만이 영광 받으시도록 더 낮아지고 겸손해지는 은혜가 있길 바란다.

무엇보다 이번 대회를 반대했던 분들의 의견을 충분히 존중하고 경청할 필요가 있다. 반대했던 분들은 이번 대회의 방법론에 이의를 제기한 것이지 동성애·동성혼 자체를 찬성한 것은 아니기 때문이다. 이제 그리스도의 몸인 교회가 모두 하나 되는 극적인 화해를 이루고, 빛의 사역에 기쁨으로 동참하는 분위기가 되도록 간절히 기도한다.

십자군이 아니라 십자가로 달려가자

세계 각국의 부흥을 연구하다 보니 하나의 공식을 발견하게 됐다. 그것은 '비전선포 + 중보기도 → 광범위한 복음 생태계 조성 → 영적 대각성(교회부흥 + 사회변혁) → 선교부흥'의 원리였다. 한국의 경우도 한국대학생선교회 설립자인 김준곤 목사 등이 1960년대 말 주도한 민족복음화·세계복음화의 비전 선포와 뜨거웠던 기도운동은 10년간 엄청난 교회 부흥을 가져왔다. 1969년 말 290만명이었던 한국교회 성도의 수는 1981년 말 무려 1000만명에 육박했다. 10년간 무려 3배 이상 부흥을 이룬 것이다.

이때 헌신한 10만 선교 자원자들은 지난 40여년간 세계 선교의 장을 활짝 열었다. 많은 변동이 있었지만 2022년 한국리서치 조사에서 전체 인구의 종교인 비율 중 개신교는 20%로 나와 여전히 1000만 성도를 유지하고 있는 것은 은혜가 아닐 수 없다. 이제 이 그루터기를 통해 다시 총체적 부흥이 일어나고 남북이 하나 되어 통일 코리아가 세계 선교를 완성하는 기적이 창출되길 기도한다. 물론 절반에 달하는 가나안(교회 불출석) 성도를 어떻게 창조적으로 섬길 것인가의 과제가 남아 있기는 하나, 한국교회가 부흥의 공식대로 순종하며 다시 역동성과 생명력을 회복한다면 이들도 다시 깨어날 가능성이 크다.

어둠의 컨텐츠가 급속도로 보급되는 시점에서 한국교회는 이제 더 이상 어둠을 탓할 시간이 없다. 빛의 컨텐츠를 총동원해 복음 전파와 영혼 구원에 집중하는 비전을 다시 한번 선포해야 한다. 그리고 잡동사니 기도가 아닌 오직 주님의 나라와 그의 의를 위한 성경적 기도로 나아가야 하리라.

이번 10·27 대회가 중요한 전환점이 된 것은 언급한 대로 '거룩한 나라'라는 하나님의 통치를 선포한 것이다. 그리고 이제는 그리스도인들이 세상 언론이나 일반 대중에 좌우되지 않고 함께하시는 하나님과 동행하기로 선택한 것이다. 또 건강한 연합을 통해 영적 부흥을 넘어 사회 변혁을 포함한 복음의 생태계가 구축되고 새로운 영적 대각성의 물꼬를 텄다는 것이다.

이제 한국 사회 전반에서 그리스도인들이 그 정체성을 분명하게 드러낼 때가 됐다. 어둠 속에서 그리스도의 빛을 내뿜고 그리스도의 향기와 편지로 나아갈 때가 온 것이다. 더 이상 눈치 보지 말고 당당하게 하나님의 사랑과 복음을 전하며 빛의 자녀로서 풍성한 영적 유산을 나누자.(엡 5:8~14) 이만열 교수의 지적처럼 세상 사람들에게 십자군처럼 보이지 않고 십자가가 부각돼야 함을 뼈아프게 마음에 새기고 달려가는 한국교회가 되길 기도한다.

'문제 해결 능력' 가진
성경적 지혜의 사람 키우고 싶다

호주 유학생 수양회(KOSTA)를 인도하기 위해 지난 2004년 시드니 근교 블루마운틴을 간 적이 있다. 그곳은 온통 유칼립투스 나무로 둘러싸여 있었는데 유칼립투스는 다른 나무에 비해 3배 정도 산소를 배출하는 특성이 있다. 세계 최고의 산소 분압을 자랑하는 이 지역에서는 암 발생이 불가능하다. 암은 산소를 가장 싫어하기 때문이다.

지식의 영역에서도 산소같이 세상을 새롭고 신선하게 만드는 지식이 있다. 하지만 오늘날 지식의 홍수 시대에 '사람을 살리는 지식'이 없는 것이 너무도 안타깝다. 나는 그동안 의대 교수, 유명 대학의 객원교수, 아프리카 쿠미대 총장, 꿈의학교 설립자 등으로 일하면서 세계 곳곳의 교육 현실을 유심히 관찰하며 나름대로 통찰력을 갖게 됐다. 공급자 중심의 교육을 위한 교육, 소비자 중심의 졸업장을 받기 위한 교육을 하다 보니 세상을 바꿀 수 없는 엉성한 컨텐츠와 현실과 동떨어진 진부한 교육, 그 결과에 대한 안타까움에 깊이 공감하고 있다.

최근 강원도 횡성 해밀리에서 풍부한 산소처럼 '가장 성경적이며 가장 유용한 지식'을 공급하는 하나님의 학교인 '인터내셔널드림스쿨(IDS)'을 시작했다. 모든 교사가 교육 선교사로 헌신한 학교, 모든 재학생과 모든 졸업생이 차세대 리더로서 다음 세대에게 복음을 전하는 학교, 교사 학생 학부모가 모두 확실한 그리스도의 제자로 성장하며 '오직 주님'을 외치는 학교를 시작한 것이다. 한마디로 자신에게 꼭 필요한 최고 수준의 책과 인물을 끊임없이 만나 영감과 도전을 받고 국내 전 지역과 전 세계를 대상으로 자신의 꿈을 이룰 수 있는 곳이면 어디든 직접 가서 배우고 체험하는 학교, 하나님이 창조하신 일반계시인 전 세계의 아름다운 자연과 구원의 비밀이 담긴 절대 진리인 성경을 교과서로 삼는 학교이다.

선진 교육은 이미 공급자 중심의 훈련(training)이라는 '교육 1.0'에서 소비자 주도 학습(learning)이라는 '교육 2.0'으로 바뀐 지 오래다. 그리고 21세기에는 사람을 변화시키는 컨텐츠 중심의 영감(inspiring)을 중시하는 '교육 3.0' 시대에 진입했고 또다시 개척자적 실행(pioneering)이라는 '교육 4.0' 시대가 꿈틀거리고 있다. 이렇게 급변하는 교육혁명 시대에, 학교의 짜여진

커리큘럼에 학생들을 짜 맞추는 공장형 교육제도는 더 이상 참을 수 없는 방식이다. 본래의 의도는 아니겠지만 지금의 교육 제도는 마치 학교를 유지하기 위해 학생을 수단화하고 부모의 야망을 이루기 위해 자녀를 목적화 하는 느낌을 강하게 준다.

놀랍게도 성경은 교육 3.0과 교육 4.0의 모든 컨텐츠가 담겨있는 지혜와 지식의 보고이다. 이 성경의 절대 진리성을 인정하고, 그 진리에 순종하기만 하면 신명기 28장 1절 말씀처럼 "네가 네 하나님 여호와의 말씀을 삼가 듣고 내가 오늘날 네게 명령

IDS는 절대 진리인 성경에 기초해 아름다운 자연과 인류 최고의 유산인 책과 위대한 인물들, 그리고 5개의 멀티 캠퍼스를 통한 세계 이해를 바탕으로 평생 꿈과 비전을 이루어가는 현재 진행형 학교이다.

하는 그 모든 명령을 지켜 행하면 네 하나님 여호와께서 너를 세계 모든 민족 위에 뛰어나게 하실 것이라"는 약속대로 자녀들은 세계적인 인재가 되고 하나님 나라에서 인정받는 영재가 되게 되어 있다. 이 말씀이 얼마나 진리인가를 입증하고 싶은 열망으로 진리의 실험실을 운영하고 있다.

무엇보다 IDS의 탁월성은 내가 되고자 하는 인물을 모형화하고 벤치마킹하는 멘토 학습이다. 하나님의 사람을 초청해 직접 만나 멘토링을 받고 그분들의 영성과 인격, 지혜를 배우는 '위대한 만남'이 핵심 커리큘럼이다. 물론 해밀리 캠퍼스에서의 암 환우 섬김 프로그램, 아프리카 쿠미대 캠퍼스와 인도의 하리아나 캠퍼스에서 진행하는 단기선교 꿈 여행을 통해 낮은 곳을 향하고 고통받는 이들을 그리스도의 사랑으로 섬기는 '위대한 하강'의 체험, 미국 콜로라도 캠퍼스에서 이루어지는 집중적 현지 영어학습, 북유럽의 탈린 캠퍼스에서 진행되는 창조적 문화체험도 중요한 학습 과정이다. 절대 진리인 성경에 기초해 아름다운 자연과 인류 최고의 유산인 책과 위대한 인물들, 그리고 5개의 멀티 캠퍼스를 통한 세계 이해를 바탕으로 평생 꿈과 비전을 이루어가는 현재 진행형 학교이다.

사실 이 학교는 정해진 커리큘럼이 없고 수업 연한도 없다. 하나님의 형상대로 창조함을 받은 학생 스스로 자기에게 필요한 커리큘럼을 짜고 수업 연한도 자신이 정하는 이른바 일대일 맞춤 학습이다. 전 세계를 다녀 보면 인류가 너무도 많은 고통과 아픔을 겪고 있다는 것을 볼 수 있다. 정말 안타까운 일이다. 나 자신(I-agenda)을 위해서 어떤 장애물이든 스스로 극복할 수 있는 '역경 극복 능력'과 더불어 세계의 이웃들(You-agenda)을 위해 어떤 문제든지 해법을 제시하는 '문제 해결 능력'을 가진 성경적 지혜의 사람을 키우고 싶다. 우리나라뿐 아니라 전 세계의 다음세대가 죽어가고 있다. 지금까지 내게 주신 모든 은혜와 지혜와 경험을 전부 쏟아부어 다음세대를 살리고 싶다.

이 땅에 그리스도인이 주도하는
교육 혁명이 절실하다

흔히 지상명령이라고 불리는 "그러므로 너희는 가서 모든 민족을 제자로 삼아 아버지와 아들과 성령의 이름으로 세례를 베풀고 내가 너희에게 분부한 모든 것을 가르쳐 지키게 하라 볼지어다 내가 세상 끝날까지 너희와 항상 함께 있으리라 하시니라"(마 28:19~20)의 말씀은 '가서 제자 삼으라'는 선교 명령과 '가르쳐 지키게 하라'는 교육 명령의 복합형이다. 유대교 전통에서 랍비의 존재가 그렇듯 교회와 학교는 성경적으로 같은 뿌리를 가지고 있다. 그런 의미에서 예수님은 우리의 목자이시자 스승이시다.

인도계 미국인 교육철학자 비샤 망갈와디 박사는 2020년 '제3의 교육혁명'이라는 책을 통해 홈 스쿨을 매개로 교회와 대학을 통합한 새로운 형태의 승법 번식형 플랫폼 대학의 모델을 제시함으로 교육계에 신선한 충격을 주고 있다. 그는 인도철학을 전공한 라브리 멤버로 프랜시스 쉐퍼 박사의 제자이기도 하다.

이 모델은 마이크로 대학을 제3세계에 확산하는 모델로 규모 있는 교회를 캠퍼스로, 사랑이 많은 사역자와 평신도 리더들을 교직원으로 활용하는 초저비용 대학이다. 그는 현대 대학의 맹점을 영성과 인성의 결핍으로 보고 사랑이 많은 성도들이 학생들을 섬기는 멘토 시스템이 절실하다고 했다. 오랜 동역자 망갈와디 박사는 디지털 혁명이 주도하는 초연결사회에서 인공지능(AI)이 대신할 수 없는 영역이 바로 영성과 인성이며 이는 그리스도인이 가진 강력한 무기이자 섬김의 도구라는 점을 강조하고 있다.

국제꿈의학교(International Dream School·IDS)를 위해 헌신한 60명의 국내외 멘토 중 한 분인 캐럴 림 하버드 의대(정신의학) 교수는 이번 미국 IDS 연수에 와서 충격적인 말을 했다. 그는 금년도 하버드 의대 졸업생이 선정한 최고의 교수로 뽑힌 바 있다. 그는 "항상 대하는 하버드 의대생의 지친 눈빛과 생기 없는 얼굴과 달리 IDS 학생들의 초롱초롱 빛나는 눈빛과 충만하고 생동감 있는 얼굴이 너무나 대조적이다. 하나님의 은혜 안에서 순간순간 찬송하고 예배하며 아름다운 공동체를 이루어 같이 성장하고 공부하는 분위기에 압도된다"고 했다. 미국 대학은 대부분 하나님이 없어졌고 커리큘럼에서 영성과 인성의 흔적이 사라

졌다. 이미 미국 크리스천 가정에서는 세속화의 중심이 되어 버린 아이비리그 대학을 진학 목표에서 배제한 지 오래다. IDS를 시작하면서 우리 공동체 기획팀은 현존 세계 최고 대학이라는 미네르바 스쿨을 능가하는 교육 철학과 일대일 맞춤 양육 시스템을 목표로 하게 되었다. 미네르바는 비판적 지성과 창조적 사고를 통해 탁월한 문제 해결 능력을 갖춘 차세대 리더를 키우는

혁신적 교육을 지향하고 있다. 특히 지성을 사용하는 습관과 창업 개념이라는 매우 독특한 커리큘럼을 개발해 모든 학생을 복잡성(complexity)을 특성으로 하는 현대 사회에서 확실한 솔루션을 제공하는 혁신적 리더들을 키워내고 있다. 하지만 미네르바 커리큘럼의 치명적 결함은 영성과 인성의 부재이다.

지난 80년대 이후 미국 교육계를 뒤흔들었던 다중지능 이론 창시자인 하버드대 하워드 가드너 박사에 의해 현재 학교 교육은 수리논리지능(수학 과학)과 언어지능(국어 영어)만을 중시하는 반쪽 교육임이 여지없이 폭로됐다. 이는 현대 교육이 인간에게 가장 중요한 지능인 실존지능(영성)과 자기성찰 지능, 대인관계지능(인성)이 배제된 지극히 실용적인 교육철학에만 근거한 것임을 보여줬다. 이는 현재 수능시험을 중심으로 하는 대학 신입생 선발 기준이 얼마나 교육의 본질과 거리가 있는지를 보여주는 증거라고 할 수 있다. 영성지능이 다른 모든 지능의 기초가 될 뿐 아니라 지속적인 자양분이 된다는 많은 연구 결과는 엄청난 영적 자산을 가진 그리스도인들에게 매우 고무적인 일이다.

'교육 1.0'은 주입식 교육에 의한 타율적 훈련(training)이 그 특성이라면 '교육 2.0'은 자기 주도적 학습시스템(learning)이 특성이라 하겠다. 디지털 세대를 주축으로 AI 시대가 도래하면서 '교육 3.0'이 태동했는데 이는 영감(inspiring)에 의한 인격적 변화가 주축이 되고 이는 성경적 영성과 궤를 같이한다고 할 수 있다. 더욱이 개척자적 실행(pioneering)을 요구하는 '교육 4.0'은 절대 신뢰와 절대 순종을 중시하는 성경적 인성과 핵심 가치를 공유한다고 하겠다. 이러한 배경에서 '뛰어난 인성과 탁월한 문제 해결 능력을 가진 하나님의 사람'을 양육하기 위해 새로운 대안학교를 시작한 필자는 지금이야말로 한국교회가 교육 변혁을 통해 한국 사회에 기여할 수 있는 결정적 기회가 왔다고 감히 단언한다.

영국 옥스퍼드대학 마이클 슐러터 박사는 남아공 인종 분쟁과 르완다 내전을 종식시킨 최고의 분쟁 조정 전문가이자 주님을 사랑하는 평화의 사도이다. 그는 '관계적 사고'라는 개념을 유럽과 전 세계에 확산시켰고 'R 요인(factor)'이라는 성경적 관계 사고를 통해 복음을 전하는 학자이다. 이는 영성과 인성을 결합한 '관계지수'라고 할 수 있는데 기독교적 용어를 배제한 강력한 성경적 메시지를 던지며 정치 사회 문화적으로 엄청난 영향력을 행사하고 있다. 최근 필자는 영혼 구원운동과 더불어 다음 세대가 미래의 주역이 아닌, 현재의 주역으로 쓰임 받도록 온 힘을 다하고 있다. 한국교회의 성도 중에 무수한 제2의 슐러터가 나오기를 간절히 기도하고 있다.

보다 나은 미래 위해 세대 간의 회복과
관계 치유가 절실하다

구약의 마지막 책은 말라기이다. 마지막 부분에서는 세대 간 관계 회복을 언급한다. "보라 여호와의 크고 두려운 날이 이르기 전에 내가 선지 엘리야를 너희에게 보내리니 그가 아비의 마음을 자녀에게로 돌이키게 하고 자녀들의 마음을 그들의 아비에게로 돌이키게 하리라."(말 4 : 5~6) 그리스·로마시대 노인들도 젊은이들의 탈선을 보며 '말세야, 말세'하며 탄식했다고 한다. 어느 시대나 세대 간의 관계 회복처럼 어려운 일은 없을 것이다. 모든 부모는 자녀와 좋은 관계를 원하며 보다 나은 미래를 원한다. 문제는 의도대로 잘 안 된다는 것이다. 의지가 강할수록 부작용이 심해지고 원치 않는 결과가 도출되는 경우가 허다하다.

심리학에서 '역설 의도(paradoxical intention)'라는 용어가 있다. 로고테라피로 유명한 정신의학자 빅터 프랭클은 그의 명저

'죽음의 수용소에서'에서 지독한 말더듬이 환자를 본 경험을 이야기한다. "그 환자는 자기 기억으로 단 한 번만 제외하고 일생 이런 언어장애에서 벗어난 적이 한 번도 없었다. 그 단 한 번의 예외는 그가 열두 살 때 전차에 무임승차 했을 때 일어났다. 차장에게 들켰을 때 그는 이 상황을 빠져나갈 수 있는 유일한 방법은 자기가 불쌍한 말더듬이 소년이라는 것을 보여 주어 그의 동정심을 유발하는 것이라고 생각했다. 그런데 실제 말을 더듬으려고 하는 순간 말이 더듬어지지 않더라는 것이다. 이때 그는 역설의도를 경험한 셈이다."

일상적으로 경험하는 역설의도는 수면장애에 관한 것이다. 불면에 대한 염려는 오히려 잠을 잘 수 없게 작용한다. 이런 두려움을 극복하기 위해 의사들은 환자에게 잠을 자려 애쓰지 말고, 잠을 자지 않으려고 해보라고 권한다. 수면에 대한 지나친 집착을 역설의도로 바꾸면 잠이 오게 돼 있다는 원리이다. 성경적으로는 '내려놓음의 원리'에 해당한다.

필자는 그리스도인들이 역설의도를 반드시 적용할 분야는 비신자 대상의 복음 전도와 차세대 대상 자녀 양육이라고 생각한다. 자신의 의도를 100% 내려놓고 그들의 친구가 되는 것이다. 미국의 유명 크리스천 심리학자 래리 크랩은 성경적 자녀교육을 위해 최선을 다했지만 결국 아들의 탈선을 막지 못하고 대학을 자퇴하기에 이른다. 크리스천 부모로서 평생 노력했던 모

진정한 영적 대각성과 영혼의 대추수를 위해서는 먼저 세대 간 회복이
이루어져야 한다. 지금 이 땅에는 세대 간 관계 치유가 절실하다.

든 것이 수포로 돌아가는 비참함을 맛보았지만 마음을 정리하고 아들을 만난다. 한마디 나무람 없이 끝까지 아들의 말을 들어주며 "아빠 도움이 필요하면 언제든 연락하라'는 말과 함께 사랑의 눈빛을 보내고 돌아온다. 얼마 후 아들에게서 이런 편지가 왔다. "저는 처음으로 아빠에게 돌아왔습니다. 그전에 저는 먼저 아빠를 통해 하나님께로 돌아왔습니다."

세대 간 관계 치유의 비결은 인식의 변화와 드러남의 은혜, 용서의 삶, 그리고 우정의 공동체를 이루는 것이다. 첫째는 나의 병든 인격을 인식하는 것이다. 무엇보다 내게 문제가 있다는 것을 깨닫는 순간 치료가 시작된다. 변화는 문제를 인식할 때에 시작된다. 정신과 용어로 '병 인식(insight)'이라는 말이 있다. 정신적으로 '문제가 있다'는 것을 아는 환자는 치료가 잘 되고 문제의식이 없는 환자는 치료가 안 된다. 영적으로도 마찬가지다. 이를 바로 아는 것이 관계 치유의 시작이다.

둘째는 드러내는 일이다. 영적 가면을 벗어야 한다. 주님 앞에는 숨길 게 없다. 모든 것을 털어놓아야 한다. 내적 감정을 억제하지 말고 감정을 자연스럽게 표현해야 한다. 자신의 상처와 한, 맺힌 것과 눌린 것을 정직하게 드러내야 치료를 받을 수 있다. 나를 드러내지 않으면 하나님이 드러내신다. 드러날 때마다 오히려 감사하라. 우리 약점을 통해 하나님의 온전하심을 나타낼 수 있는 찬스가 아닌가. 우리의 연약함과 한계를 인정할수록 하나님은 우리를 통해 역사하신다.

　세 번째는 우정의 공동체에 속하는 것이다. 치유는 혼자 하는 게 아니라 더불어 하는 것이다. 인간의 문제는 누구나 같다. 서로 나누며 짐을 지는 게 치유의 비결이다. "너도 그랬어? 나도 그랬는데. 어쩌면 그렇게 똑같냐" 하면서 놀라는 경우가 많다. 치유는 우정을 통한 정직한 나눔 과정에서 이루어진다. 공동체는 개방성과 투명성이 생명인데 이는 친구 관계에서만 가능하다. 이제는 세대 간에 친구가 돼야 온전한 치유와 회복이 가능하다.

　최근 세계선교를 다루는 글로벌 콘퍼런스에는 '차세대(next generation)'라는 용어 대신 '세대 간(intergeneration)'이라는 말이 자주 쓰이고 있다. 이제는 모든 세대를 총괄하는 세대 간 회복이 절실한 시점이다. 왜냐하면 세대 간 상호작용의 역동성을 고려하는 것이 가족을 창조하신 하나님의 의도와 부합할 뿐 아니라 사역의 측면에서 엄청난 상승작용이 일어나기 때문이다.

　최근 국제꿈의학교 학생들과 인도, 이스라엘을 동행했다. 또 미국에서 '빌리온 소울 하비스트 대회'를 통해 새로운 영적 비밀과 그리스도의 지상명령 완수에 대한 청사진 일부를 알게 되었다. 진정한 영적 대각성과 영혼의 대추수를 위해서는 먼저 세대 간 회복이 이루어져야 한다. 지금 이 땅에는 세대 간 관계 치유가 절실하다.

성령의 선교로 돌아가자!

영향력 있는 선교 전문가 필 마샬은 모든 선교사 가운데 '3분의 1은 있어야 할 존재이고 3분의 1은 있으나 마나 한 존재이며, 3분의 1은 있지 말아야 할 선교사'라는 유명한 말을 했다. 70년대 초 동아프리카 교회 지도자인 존 가투는 서구 선교사들에게 최소 5년간의 선교 유예를 요청했다. '우리 힘으로 할 수 있는 기회를 달라'는 뜻이었다. 비슷한 시기 필리핀의 유니언신학교 학장은 '선교에서 강자·약자의 의존적 구조에서 벗어나는 길은 빨리 선교사가 고향으로 돌아가는 것'이라는 초강경 발언을 던졌다.

IMF 혹은 팬데믹 시기에 절반의 선교사가 정리되는 현상이나 선교지의 정치적 상황 변화로 많은 선교사가 선교지를 떠나는 것도 '하나님에 의한 선교 모라토리엄 또는 강제적 선교사 재배치'라고 보는 견해가 있다. 이 모든 현상은 힘과 선교는 반비례한다는 사실을 보여준다. 사실 선교는 국력의 힘, 돈의 힘, 지식의 힘으로 하는 것이 아니라 십자가의 사랑으로 하는 것이기 때문이다.

지금은 선교 패러다임 바꿔야

일본의 유명한 화장품 회사 시세이도의 창업자는 난(蘭)의 철학으로 유명하다. '난은 팽개쳐 두면 죽어 버린다. 그런데 손을 많이 줘도 오히려 죽는다'는 뜻이다. 사실 지나침은 모자람만 못하다. 의학적 관점에서 혁신이란 환부를 제거하되 밝은 미래에 대한 확신과 적절한 치유 및 성장 환경을 제공하는 것이라고 믿는다. 이것이 성경적 선교의 원리이고 바른 목양의 원리이다.

지금처럼 전 세계적인 상황이 급변하는 시기에서는 선교 패러다임 자체의 변화가 절실하다. 한국교회의 세계 선교는 하나님 나라의 차원에서 엄청나게 기여한 것이 많지만 동시에 수많은 난제를 안고 있다. 이대로 내버려 두면 선교사에 대한 불신을 넘어 선교 불신으로 이어질 수도 있다. 문제 해결을 위해서는 정확한 상황 진단과 이에 딱 들어맞는 지혜로운 처방이 필수적이다.

미국 최대 선교 기관인 남침례회선교부(IMB)의 총무는 한국 선교사의 강점으로 신속성(speed), 끝장을 보는 강인함(perseverance), 동시다기능(multiplay), 감을 잡고 치고 나가는

인도네시아 자카르타에서 열린 인도네시아선교협회 창립식에서 한국 선교 리더들과 현지 지도자들이 단체로 기념사진을 촬영하고 있다. 인도네시아선교협회 창립은 한국 선교의 '타겟 2030운동'이 결정적 역할을 했다.

것(sense and reaction)을 들었다. 이런 강점을 배경으로 한국형 선교(K-Mission)는 하나님 나라의 확장에 놀라운 공헌을 해왔다.

그러나 동시에 연약함과 한계를 나열하자면 끝이 없다. 힘으로 군림하는 선교, 물량주의 선교, 한탕주의 감상적 선교, 선교사들간의 불협화음, 선교사 고령화, 각자도생의 고립 선교, 잘못된 모델 전파의 단기선교, 사람을 키우지 못하는 프로젝트성 선교, 보여주기식 영웅주의 선교, 체계 없는 도박성 선교, 선교의 중복투자, 속 빈 강정 같은 선교훈련, 선교본부와의 소통 어려움, 파송 시 인맥에 의한 지원 결정, 재정 사용의 불투명성, 선교 보고의 중압감, 방치된 선교사 건강관리와 자녀교육 등이 그것이다. 게다가 선교의 상황화냐 토착화냐 또는 문명화냐 복음화냐 하는 등의 논란도 지속해 왔다. 물론 이중에서는 이미 해결된 경우도 있고 진지하게 해답을 찾으면서 개선하고 있는 영역들도 있기는 하다.

우리에겐 선교의 교과서가 있다

사역을 하면서 항상 겪는 일이지만 해결 방법은 의외로 간단하다. 문제가 생기면 본질로 돌아가는 것, 즉 성경 말씀으로 돌아가면 된다. 선교의 교과서라고 할 수 있는 사도행전과 바울 서신에는 선교 사역의 보석 같은 원리들이 숨어 있다. 그 핵심 원리는 성령의 주도성을 인정하는 것이다. 사도행전은 '성령행전'이라 부를 정도로 철저한 성령 중심의 사역으로 일관하고 있다.

선교 사역의 전제 조건은 성령의 능력이었다.(행 1:8) 사역자의 기준은 항상 성령과 지혜가 충만한 자이고(행 6:3) 사역의 원리도 모든 상황에서 성령의 인도하심에 순종하는 것이었다.(행 8:29) 재정 사용의 투명성은 생명처럼 소중했다.(행 5:4) 의사결정에서 성령에 민감한 리더들로 구성된 공동 리더십의 원리가 시행되었고(행 8:14, 행 11:1, 행 15:22) 투표가 아닌 전원 합의제를 채택했다.(행 15:26)

어쩌다 골을 넣은 사람을 축구선수로 선발할 수는 없다. 그래서 객관적 검증 과정이 중요했고 이미 삶에서 사역의 열매가 입증된 자를 성령의 인도하심 가운데 선발했다.(행 13:2) 사역 원리나 선교 정책의 변경도 철저히 성령에 의존했고(행 16:6) 문제가 생겨도 기도와 찬송으로 일관했다.(행 16:25) 하나님이 주신 유일한 선교 교과서인 사도행전에서 인간의 전통과 경험에 의존한 선교 사역은 발붙일 곳이 없다.

필자는 20년 전 미국 남가주 은혜한인교회 김광신 목사를 통해 선교의 원리를 깊이 터득할 수 있었다. 그는 선교사의 선발 기준은 오직 하나, 곧 '성령의 사람'이라고 했다. 그 교회는 사역의 열매가 입증된 성령충만한 장로들을 대거 선교지로 파송하는 것으로 유명하다.

선교의 원리도 오직 성령으로 시작하는데 교회 개척도 먼저 성령의 역사와 부흥의 불길이 일어나면 재정 지원을 통해 기름을 붓는 형태로 진행한다고 했다. 즉 성령의 소프트웨어가 먼저 작동하면 여기에 맞는 하드웨어(건물 등 인프라)를 제공한다는 것인데 김 목사는 독특한 억양으로 "먼저 성령으로 밀고 그다음에 돈으로 민다"고 표현하면서, 이 순서를 바꾸면 선교는 끝장이라고 했다. 결국 하나님의 강권적인 역사로 20세기 말 소련이 붕괴하던 복음 전파의 황금기에 은혜한인교회를 통해 러시아와 벨라루스, 중앙아시아 각국에 수천 개의 교회를 설립해 사도행전을 재현하면서 수많은 영혼을 구원했던 일화는 선교계의 전설로 남아 있다.

인류 역사상 최대의 영토를 보유했던 몽골제국을 연구한 믹 예이츠는 그 중심에 칭기즈칸의 '4E 리더십'이 있었다고 분석했다. 즉 가장 빠른 시간에 가장 많은 영토를 정복하고 통치하는 비결이 비전 제시(Envision), 능력 부여(Enable), 에너지 공급(Energize), 권한 위임(Empower)이라고 한 것이다. 예수님은 제자들에게 신속한 세계복음화의 비전을 선포하면서 보혜사 성령을 기다리라고 하셨다. 왜냐하면 능력 부여, 에너지 공급, 권한 위임의 세 가지 기능을 예수의 영인 성령께 맡겼기 때문이다.

그래서 철저하게 성령 하나님께 의존하는 것만이 지상명령을 이루어가는 유일한 길이다. 이 혼란의 정점에서 불확실성의 시대를 맞이한 한국교회가 사는 길에 우리 민족에게 주신 세계선교의 사명에 몰입하는 것이다. 그리고 그 사명을 이루는 핵심 비결은 성령의 사역, 성령의 선교로 돌아가는 것이다. 사실 성령 없는 선교는 십자가 없는 복음처럼 무의미한 것이다.

성령은 모든 사역의 주체

요즘 같은 대격변의 시대에는 세계적인 경영 컨설턴트가 했던 말이 자꾸 떠오른다. '가장 안정된 조직이 가장 불완전한 조직이고, 가장 불안정한 조직이 가장 완전한 조직이다'라는 말인데 예측 불가의 상황에서 허를 찌르는 묘수가 아닐 수 없다. 오늘의 시대에는 성령의 인도하심을 따르는 슬림하고 유연한 조직만이 살아남을 수 있다. 사실상 선교 불신을 초래한 한국교회는 더 절박한 숙제들을 시한폭탄처럼 품고 있다. 한국교회가 살아남으려면 성령의 주도권을 인정하면서 모든 것을 리셋하는 것이다.

디지털 시대를 넘어 인공지능(AI) 시대에 진입하면서 모두가 무력감을 느끼고 있다. 그런데 우리에겐 희소식이 있다. AI와 디지털을 합한 것보다 비교할 수 없는 권능을 가진 성령의 임재가 함께하고 있다. 예수님은 마태복음 28장 18~20절의 대위임 명령에서 하늘과 땅의 모든 권세의 부여를 전제하고 있다.

그리고 그 명령에 순종하는 한 주님은 세상 끝날까지 항상 함께하겠다고 약속하셨다. 바로 보혜사 성령을 통해서이다. 주님의 다시 오심이 점점 가까워지는 절박한 상황에서 한국교회와 선교계가 사는 길은 사역의 주체이신 성령 하나님을 인정하는 것이다.

세계 복음화의 마무리, 이스라엘 선교 감당할 '통일 코리아'

대학 시절은 내 인생의 격동기였다. 영적 청춘기라 할까. 예수 그리스도를 통해 하나님을 인격적으로 만나 삶의 대변혁이 일어나고 '오직 예수'를 외치며 복음 전파와 영적 재생산에 몰입했다. 전도의 열매들이 맺히면서 복음의 능력을 경험하고 송이꿀보다 더 달고 맛있는 하나님 말씀에 매료됐다. 믿고 구하는 자에게 주시는 살아계신 하나님을 알아갔지만 한 가지 풀리지 않는 수수께끼는 '통일에 대한 기도 응답의 지연'이었다. 새벽기도 철야기도 금식기도 산기도 등 각 교회와 기도원에서 많은 성도가 부르짖는 기도제목에 통일은 항상 단골 이슈였다. 그 이후 거의 40여년이 흐른 지금까지 미응답이라는 결과에 당혹감을 감출 수 없을 뿐만 아니라 아무리 생각해도 통일은 하나님의 뜻인데 너무나 명확한 당위성이 오랜 기간 현실화하지 않은 데에 대한 답답함이 있었다.

그러다 선교운동에 몰입하던 중 이 답답한 상황이 하나님의 '벼랑 끝 전술'이라는 것을 깨닫게 됐다. 최악의 상황에서 최선을 만들어 내시는 하나님께서 그동안의 시련과 아픔을 통해 북녘땅에 이름 없는 수많은 중보자와 순교자를 배출해 남한 땅과 온 열방을 위한 부흥과 선교의 씨앗을 심게 하셨다는 것과 신명기 28장 1절처럼 "네가 네 하나님 여호와의 말씀을 삼가 듣고 내가 오늘날 네게 명령하는 그 모든 명령을 지켜 행하면 네 하나님 여호와께서 너를 세계 모든 민족 위에 뛰어나게 하실 것이라"는 언약의 말씀대로 대한민국을 산업화-민주화-선진화의 과정을 거치며 세계 1위의 혁신국가(2021년 블룸버그 혁신지수 기준)로 경제-문화-교육-의료강국이라는 최고 국제 경쟁력을 부여하신 것과 세계 역사상 유례없는 교회 부흥과 선교 부흥을 통해 영광을 받으신 것을 깨닫게 되었다.

그리고 이 모든 축복이 하루 속히 남북한이 하나 돼 세계 복음화를 신속하게 완성하도록 강권적으로 역사하시는 하나님의 절대 섭리임을 믿게 됐다. 그런데 최근 더 놀라운 사실을 접하게 되었다. 그날은 필자가 섬기는 선교통일한국협의회의 신년하례회가 있던 날이었다. 말씀 선포를 준비하다가 우연히 보게 된 탈북작가 지현아 자매의 동영상을 통해 하나님의 마음과 경륜을 어렴풋이 알게 됐고 북한의 숨겨진 역할에 대한 또 하나의 퍼즐 조각이 맞춰지는 통쾌함을 느끼게 되었다.

지금 50만명으로 추산되는 북한 지하교회의 사명이 이스라엘 선교와 깊은
연관성이 있다

그것은 지금 50만명으로 추산되는 북한 지하교회의 사명이 이스라엘 선교와 깊은 연관성이 있다는 내용이다. 그것은 출애굽 이전 처절한 압제와 고통 속에 신음하던 이스라엘 백성들의 오랜 울부짖음과 간절한 기도가 마침내 응답돼 출애굽 한 것이 현재 북한 지하교회의 절박한 상황과 매우 유사하다는 것이었다. 그러나 그 과정을 통해 북한의 성도들이 어떤 핍박에도 승리하는 주님의 군대, 즉 순교적 신앙을 가진 선교특전단으로 준비되고, 특히 홀로코스트의 쓴 뿌리를 가진 유대인들이 북한 내부의 수용소 체험을 한 지하교회 성도들을 동일시함으로, 간증을 통해 주께 돌아오는 사례들을 제시하고 있는 것이다. 이러한 정황들을 종합할 때 북한 지하교회의 사명은 핍박받는 이슬람 지역은 물론 최종적인 선교 목표인 이스라엘 선교에 있음을 강조하고 있다.

포괄적인 시각에서 보면 우리 민족의 사명과 존재 이유는 남북한이 하나 되는 단순한 통일이 아닌 세계선교를 마무리하는 통일, 전 세계에 우리가 받은 하나님의 사랑과 축복과 복음을 흘려보내는 통일, 남한 교회의 축적된 선교 인프라 위에 북한 지하교회 성도들의 순교적 영성이 빛을 발해 이슬람권 힌두권 불교권 무신론권 등 전 세계의 견고한 진이 무너지는 대돌파(Great Breakthrough)가 실제화되는 통일이 이 시대를 향한 절대절명의 명제임을 붙잡게 됐다.

통일과 선교에 대한 열망이 감소하고 교회가 위축되고 있는 상황에서 그리고 이 땅에 독생자를 보내신 절대 사랑의 주체이신 하나님 아버지와 그의 몸 된 교회에게 지상명령을 부여하신 대추수의 사령관 예수 그리스도 앞에서, 통일을 위해 기도하는 남북한 1000만 성도와 통일 코리아를 위해 기도하는 전 세계 그리스도인 앞에서 한국교회는 분연히 일어나 통일한국과 선교한국의 비전을 재점화하고 "너희는 가서 모든 족속으로 제자를 삼으라"는 지상명령과 "너희는 말씀을 전파하라 때를 얻든지 못 얻든지 항상 힘쓰라"는 전도 명령에 절대 순종하기를 열망하며 기도하고 있다.

특별히 주님 오실 날이 날로 가까워지고 우리 민족의 통일도 임박한 상황이다. 그래서 이번 4·10 총선은 반드시 통일한국, 선교한국으로 가는 국가 생태계가 조성되는 결정적 계기가 돼야 한다는 절박한 심령으로 금식하다가 "너는 내게 부르짖으라 내가 네게 응답하겠고 네가 알지 못하는 크고 비밀한 일을 네게 보이리라"(렘 33:3)는 말씀을 붙잡고 예레미야 333기도회를 시작하게 됐다. 선거철마다 겪는 정치적 광풍이 속히 잠잠해지고, 그토록 고대하던 통일 코리아의 뉴 시즌이 시작되고 우리 민족을 향한 크고 비밀한 경륜이 펼쳐지길 열망해 본다.

"지금이 통일·선교 한국의 황금기…
1000만 선교사 시대를 열자"

동백꽃은 11월부터 피기 시작해 엄동설한의 처절한 고통을 견디고 2월과 3월에 만발한다. 동백꽃은 아무리 생각해도 지난 70여년의 고난과 역경을 통과해 이룰 한반도 통일을 상징하는 꽃이다. 이 통일의 꽃이 만개해 하나님의 사랑이 전 세계 잃어버린 영혼들에게 흘러가 영적 대추수의 역사를 이루는 상징이 되기를 기도해 본다.

동토의 땅 시베리아에서 유형의 고초를 겪었던 구소련의 반체제 작가 솔제니친은 "역사의 껍질을 줄줄이 벗기고 나면 알맹이는 다 영적인 것"이라는 유명한 말을 남겼다. 결국 70여년의 남북 분단은 남한에 순종을 통한 혁신 국가 1위의 가시적 축복을, 북한에는 엄청난 순교자를 배출하는 영적 축복을 허락하셨다.(신 28:1)

그런데 이제 그 남북 분단은 하나님 섭리의 강물을 따라 역사의 무대에서 폐기될 때가 무르익었다. 모두 염려하는 한반도 주변 4강(중국 러시아 일본 미국)은 하나님께는 "열방이 통의 한 방울 물과 같고"(사 40:15)의 말씀처럼 전혀 문제가 되지 않는다. 마치 동박새가 단골인 동백꽃의 꿀물을 퍼 나르다가 다른 꽃이 피는 4월이 되면 그 사명이 끝나는 것처럼 말이다. 그리고 한반도에 뉴 시즌이 도래할 것이다. 마치 긴 삼동을 물리고 눈 폭풍을 뚫고 봄의 찬란함을 세계만방에 미리 전해 주는 동백꽃처럼 말이다.

퍼펙트 스톰은 지금도 계속되고 있다. 100년 만에 미국을 강타한 폭탄 사이클론의 눈 폭풍을 말하는 것이 아니다. 높은 사망률로 이어지는 중국의 코로나19 재감염의 공포, 언제든 확전이 가능한 상태로 쉽게 끝날 것 같지 않은 우크라이나의 화약고, 세계적인 인플레이션과 경제 위기에 급격한 기후 변화까지 모든 것들이 꼬리에 꼬리를 물고 계속 들이치고 있다.

이맘때면 생각나는 어르신이 한국대학생선교회(CCC)의 설립자이자 필자의 영적 스승이신 김준곤 목사님이다. 그분은 신부가 신랑을 맞이하듯 항상 새해를 원단 금식으로 시작했고 모든 난제를 기도와 금식으로 돌파했다. 항상 깨어있는 선지자적 통찰력으로 한국교회에 큰 임팩트를 주신 분이다. 필자가 기억하

지금은 모두가 선교사이고 전 세계 모든 곳이 선교지인 시대가 됐다.

는 그분은 거의 매주 금식을 했고 그만큼 주님의 음성에 민감하게 반응했다.

그는 비전 캐스팅의 대가였다. 1960년대 말 칠흑같이 암담한 국가적 현실에서 그는 민족 복음화를 선언하며 한국교회와 청년들에게 비전을 던졌다. 70년대 중반 끝이 보이지 않는 정치적 소용돌이 속에서 성령 폭발이라는 '엑스플로(Explo) 74 대회'를 성공시켜 한국교회에 복음 전도의 붐을 일으켰다. 80년에는 여의도광장에 200만명이 집결한 세계 복음화 대회를 통해 세계 선교 시대를 선포하며 10만 선교사 헌신을 끌어내셨다. 이후에도 세계기도성회, 세계복음화전략회의(GCOWE)를 이끌며 영적 흐름을 주도해갔다. 모두 성령 하나님이 시켜서 한 일이라고 겸손해 하셨지만 정말 경이로운 일이었다.

한국교회는 지난 50년 동안 성서한국, 통일한국, 선교한국이라는 3대 명제를 붙잡고 기도하며 달려왔다. 안타까운 것은 코로나 팬데믹을 겪으면서 교회가 위축되고 통일과 선교의 명제가 점점 희미해져 간다는 점이다. 그러나 작금의 모든 상황은 복음 전파의 호기이자 모든 기회가 활짝 열린 선교 황금기임을 보여주고 있다. 지금이야말로 통일한국과 선교한국의 비전이 다시 빛을 발하고 차세대에게 이 사명을 전수할 최적의 타이밍이다. 계묘년 새해를 맞아 '통일 코리아, 1000만 선교사 시대를 열자'라는 비전을 민족의 가슴에 던지고 싶다.

대한민국은 산업화와 민주화, 선진화의 모델 국가이자 세계 1위 혁신 국가로 국가 변혁의 모델로 떠오르며 국격이 높아졌다. 경제 문화 기술 교육 의료 군사 강국으로 성장했다. 유에스뉴스월드리포트(USNWR)는 최근 강대국 순위를 발표하고 한국이 세계 6위를 차지했다고 보도했다. 지금이야말로 남북한 1000만 성도가 영적 대추수를 위해 모두 복음 전도자로 나서 만인 선교사직을 수행할 수 있는 생태계가 조성된 은혜의 시대이다.

지금은 모두가 선교사이고 전 세계 모든 곳이 선교지인 시대가 됐다. 모든 성도가 주님의 지상명령을 완수하는 사명자로서 성령의 권능을 체험하고 국내는 물론 땅끝까지 증인 되는 삶으로, 만민에게 복음을 전하는 증인으로 살아내야 한다.

"내가 불을 땅에 던지러 왔노니 이 불이 이미 붙었으면 내가 무엇을 원하리요"(눅 12:49)라는 말씀이 생각난다. 사명의 불이 붙어야 한다. 잠자는 거인인 성도들을 비전의 자명종으로 깨워야 한다. 모든 성도가 일터의 현장에서 현장 선교사로, 해외로 나가면 해외 선교사로, 단기선교를 통해 인력과 재정을 연결하는 모바일 선교사로, 복음 전파와 선교를 위해 중보하는 무릎 선교사로, 디지털 플랫폼을 활용한 스마트 선교사로 성경적 정체성을 가지고 1000만 선교사 시대를 열어 가자.

10년 후인 2033년은 예수님이 부활 승천하시며 다시 오겠다고 약속한 지 2000년이 되는 해이다. 교회의 탄생일인 성령강림 2000년이 되는 해이고 모든 족속으로 제자를 삼으라는 지상 명령을 부여한 지 2000년이 되는 해이다. 다행히 세계 복음화를 완수하자는 '언약 2033'을 합의한 것이 얼마나 감사한 일인지 모른다. 한 가지 걸리는 것은 우리 민족에게 사마리아 땅인 북한을 반드시 통과해야 하는 부담감이 있다는 사실이다. 하루속히 남북이 하나 돼 세계 선교를 완성하게 해달라고 두 손 모아 기도하자.

젊은이는 교회 떠나는데…
복음 가르치기 위해 몸부림쳤는가

1987년 삼성 창업자인 이병철 선대 회장은 서울 절두산 성당의 박희봉 신부에게 기독교 신앙에 대한 질문지 24개 문항을 보냈다. 단순히 종교를 넘어 참된 영성과 참 진리를 향해 추구하는 과정에서 깊은 고뇌와 내면의 탐구가 얼마나 처절했는가를 엿볼 수 있는 질문이다.

그 질문은 이렇게 시작된다. '신은 왜 자신의 존재를 똑똑히 드러내 보이지 않는가' '신이 인간을 사랑했다면 왜 고통과 불행과 죽음을 주었는가' '성경이 하나님의 말씀이라는 것을 어떻게 증명할 수 있나' '우리나라는 두 집 건너 교회가 있고 신자도 많은데 사회 범죄와 시련이 왜 그리 많은가' '로마 교황의 결정엔 잘못이 없다는데 그도 사람인데 어떻게 그런 독선이 가능한가'에 이르기까지 광범위하고 예리하다.

이 질문지를 받고 고민하던 박 신부는 이 편지를 한국 천주교의 지성이라고 하는 정의채 몬시뇰에게 보냈고 그가 이 회장에게 최종 답장을 보냈을 것이라고 추정한다. 그 이후 차동엽 신부에 의해 그 질문이 재발견되고 그는 2012년과 2020년 '잊혀진 질문'이라는 저서를 통해 이 회장의 질문을 재정리하며 통찰력 있는 답변을 제시한다. 그러나 그 답변은 논제에 대한 이 회장의 눈높이에 맞는 명쾌한 해답이 제시되지 않아 안타까웠다.

천주교가 아닌 개신교 목사들이나 리더 성도들에게 질문을 했다고 가정했어도 가슴을 시원케 하는 답변이 가능했을까 생각해 본다. 사도행전 17장에서 최고 문명을 뽐내는 그리스의 아테네, 그 지식의 시장터 한복판에서 그들의 최상위급 언어로 핵심을 꿰뚫는 말씀으로 도전하는 사도 바울을 떠올려 본다.

우리나라의 경우 젊은이들이 교회를 떠나는 이유를 정리해보면 대략 7가지로 정리할 수 있다. 역동성과 인격성의 결여로 인한 생활 신앙의 회의, 교회 밖 삶에 대한 부정적 견해, 교회의 강압적이고 율법적 태도, 일부 기독교인의 비도덕성, 타성과 지루함, 의심과 질문에 대한 비우호적 태도, 공공성에 대한 무관심 등이다. 이 시대의 청년들이 교회에 요구하는 수준이 얼마나 높은가를 보여주는 결과이다. 다른 말로 하면 세상이 기대하는 기준이 어떤가를 정확하게 말해주고 있다.

미국 풀러신학교 총장을 지낸 리처드 마우는 복음 전도란 '절대 가치를 현시대의 고차원적 문화 속에 집어넣는 전략'이라고 정의했다. 왜 복음 진리는 빛을 잃었는가. 빛이신 예수 그리스도는 불변의 진리이다. 문제는 전달 방식, 즉 전도의 피상성에 있다. 현대의 가장 큰 저주는 값싼 복음이라는 비극이다. 복음이 깊이와 신선함을 상실하고 말았다. 아무도 복음을 전하기 위해 치열하게 생각하거나 깊이 고뇌하지 않는다. 총체적 세속성이라는 현대의 특성과 현대인의 깊은 필요에 대해 연구하지 않는다.

마케팅에서 중요한 것은 컨텐츠다. 복음의 진리는 시대를 초월해 빛나는 최고 최상의 컨텐츠다. 그런데 그 내용을 담은 제품 디자인에 문제가 생긴 것이다. 최고급 제품을 허접스러운 디자인을 입혀 싸구려 포장지에 담아 진열해 놓으니 아무도 거들떠보지 않는다. 세상 기업들은 제품이 팔리지 않으면 리엔지니어링과 혁신의 과정을 통해 모든 것을 바꾼다. 정당들도 지지율이 떨어지면 구조조정을 하고 급진적 변화를 도모한다.

성경은 절대 진리이다. 그 진리성에 대해서는 타협의 여지가 없다. 다만 그 보석 같은 컨텐츠에 합당한 제품 디자인이 절실하게 필요한 시점이다. 현대는 제품에 디자인을 입히는 것이 아니라 제품과 디자인이 일체화되는 시대이다. 이제 불변의 복음 진리를 사수하고 전하기 위한 몸부림, 즉 컨텐츠의 재발견과 재

해석이 절실한 시점이다.

　　필자는 작년 1월 스위스의 융 프라우에서 세계 선교단체 지도자들과 전략 회의를 마치고 현대 복음 진리의 솔루션을 찾아 유럽의 청년 부흥의 흔적들을 탐구한 적이 있었다. 그중 가장 기억에 남는 곳이 스위스 '라브리'이다. 1955년 미국의 프랜시스 쉐퍼 박사는 '정직한 질문에 대한 정직한 대답(Honest Question, Honest Answer)라는 깃발을 들고 성경의 절대 진리성을 선포하며 스위스의 산골에서 청년 사역을 시작했다. 죽어버린 유럽의 기독교와 신앙 청년들을 살려낸 것은 쉐퍼 박사의 치열한 고뇌와 깊이 있는 통찰력이었다. 그의 '진정성'에 호응해 수많은 젊은이가 그리스도의 제자가 되었고 크리스천 지성의 거목들이 자랄 수 있는 생태계가 구축된 것이다.

　　그 10년 후 미국 성공회의 대천덕 신부는 '진리의 실험실'이라는 깃발을 들고 강원도 태백의 산골에서 '예수원'을 시작하며 50년 동안 당시 방황하던 수많은 영적 지성인들에게 충격적인 영향력을 끼쳤다. 필자도 그분을 스승처럼 생각하며 따랐던 기억이 있다. 이제 한국교회는 가나안 성도 400만 시대를 살고 있다. 다행스러운 것은 이 현상이 이탈 성도들의 탈교회화이지 아예 믿음을 떠난 탈기독교화가 아니라는 것이다. 그러나 이제라도 변화해야 산다. 이제 변화하지 않으면 다 죽는다. 그것도 제품과 디자인을 일체화시키는 총체적 변화만이 살길이다.

1부   87

미국의 프랜시스 쉐퍼 박사는 '정직한 질문에 대한 정직한 대답(Honest Question, Honest Answer)라는 깃발을 들고 성경의 절대 진리성을 선포하며 스위스의 산골에서 청년 사역을 시작했다.

절대자·절대가치 부인한
상대주의·진화론은 인류 최대 거짓말

지난달 국제꿈의학교 입학생들과 미국 서부 지역으로 창조과학 탐사여행을 다녀왔다. 오랜만에 그랜드캐년 자이온국립공원 브라이스캐년 글렌캐년 다이너소어힐 등을 둘러 돌며 성경적 관점에서 천지창조와 노아 홍수, 습윤 사막과 빙하시대 흔적을 살폈다. 성경적 절대 진리에 대한 확신과 더불어 과학의 가면을 쓴 진화론이 얼마나 무리한 추론인가를 확인할 수 있었다. 지난해 1월 현대 복음 전도의 해답을 찾아 유럽 지역을 순회한 것과 더불어 현대 무신론의 뿌리인 진화론과 상대주의를 현대 문명의 차원에서 새롭게 조명할 수 있었기 때문이다.

최대 깊이 1.8*km*, 최대폭 16*km*의 거대한 협곡이 450*km* 길이로 펼쳐진 그랜드캐년은 겹겹이 쌓여있는 퇴적암의 지층과 화석을 통해 창조와 노아 홍수에 대한 성경적 단서들을 찾을 수 있다.

놀라운 것은 그곳에서 창조시(홍수 이전) 지층과 홍수 이후 지층 경계를 명쾌하게 발견할 수 있다는 것이다. 창조과학자 이재만 소장은 자신의 탐사여행에 참석했던 진화론 지질학자 대부분이 너무도 명확한 성경적 창조와 성경적 격변설(노아의 홍수)의 증거 앞에 진화론을 버리고 주님께 돌아왔다는 간증한 적이 있다.

자이온캐년의 특징인 사층리는 대홍수 기간에 엄청난 양의 모래와 물이 이동한 흔적이라는 명확한 사실과 브라이스캐년은 풍화작용이 아닌 노아 홍수 이후 물이 빠져나가면서 상대적으로 단단한 재질의 암석이 남아 돌기둥 단지를 형성한 것이라는 것이 유일한 합리적 설명이다. 다윈의 진화론은 현대 과학의 수준으로 보면 말도 안되는 억지이다. 특히 1830년 영국의 지질학자인 찰스 라이엘이 발표한 동일과정설과 1859년 다윈의 진화론이 결합한 '지질주상대'는 두 개의 가설이 서로를 사실로 믿고 의존하는 궤변을 낳고 만다. 즉 화석으로 지질주상도를 작성하고 지질주상도를 보고 화석의 연대를 결정하는 순환적 오류를 범하고 이를 보편화시킨 것이다.

진화론은 현재 진화론자들의 학회에서 거의 부정됐고 다만 개체 변이가 소진화라는 이름으로 명맥을 유지하고 있다. '진화론이 입증되지 않았고 또 입증되지 않을 것이다. 특별 창조가 다른 대안이므로 우리는 진화론을 믿지 않는다'는 B G 랭가내이선 박사가 진화론 잡지인 '오리진스(Origins)'에 1988년 기고한 내

용은 시사하는 바가 매우 크다고 하겠다. 사실 다윈이 생물학자 멘델을 미리 만났더라면 감히 진화론을 주장하지 못했을 것이다. 다윈의 적자생존이나 자연도태설은 동시대 멘델의 유전법칙에 의해 과학적으로 완전히 부정됐기 때문이다.

무신론의 뿌리인 상대주의는 독일 철학자 게오르크 헤겔의 작품이다. 나는 유럽 탐사여행을 통해 헤겔의 상대주의와 변증법

이 동시대 찰스 다윈과 카를 마르크스에게 절대적인 영향을 미쳤다는 사실을 알게 되었다. 만약 헤겔의 철학이 정상적인 궤도를 벗어나지 않았더라면 후대의 니체와 프로이트, 러셀 같은 인물들이 역사의 무대에서 조명을 받지 못했을 것이다.

독일 베를린대 본관에는 유명한 마르크스 테제가 있다. '철학자들은 세계를 다양하게 해석해 왔을 뿐이다. 중요한 것은 세계를 변화시키는 것이다.' 문제는 마르크스와 그의 추종자들이 세상을 개선시키지 않고 개악시켰다는 것이다. 하이델베르크를 떠나 베를린에 정착한 헤겔이 마르크스에게 준 영향은 대단한 것이었다. 필자가 이 대학에서 발견한 무신론의 고리는 헤겔-마르크스-프로이트-다윈이었다. 한국의 대표적인 진화론자 최재천 교수가 이야기한 세계를 변화시킨 인물 3인방(마르크스 프로이트 다윈)은 헤겔 철학의 뿌리에서 맺힌 열매라 할 수 있다. 하나님 나라 관점에서 볼 때 그들은 시대의 영웅이 아니라 시대의 괴물이었던 것이다.

역사철학자 헤겔은 사실상 현대철학의 이름으로 유신론의 근간을 흔들고 대중에게 지옥의 문을 열어 버린 장본인이다. 더욱이 상대주의라는 개념을 통해 모든 절대 가치를 무너뜨렸다. 그리고 헤겔이 신의 반열에 올려놓은 이성은 병든 자아로 대체되고 1,2차 세계대전과 공산주의혁명을 통해 인간의 죄성을 증명하는 계기가 된다.

결국 헤겔은 인간의 욕망을 인류 역사의 원동력으로 설파한 하이델베르크 대학의 라이벌 철학자 쇼펜하우어에게 판정패를 당하고 만다. 절대자와 절대가치를 부인하면 죄를 짓게 된다. 무신론은 아무리 포장을 해도 마음껏 죄를 짓겠다는 의지의 표출인 것이다. 결국 헤겔은 인간의 병든 자아가 신이 되는 길을 열어 놓았다. 현대인의 자기도취와 자아숭배도 여기에 속한다.

다윈의 진화론은 인간이 하나님의 형상대로 창조된 존재라는 것을 정면으로 부인한다. 영적이고 윤리적 존재인 인간을 물질적이며 생물학적 존재로 비하시켰다. 사실 인간은 진화돼 가는 게 아니라 전존재적으로 영적으로 도덕적으로 퇴화하고 있다. 의대 교수 시절 몸담았던 대학의 총장님과 저녁식사를 한 적이 있었다. 그런데 분위기가 무르익자 그 분 입에서 음담패설이 거침없이 나왔다. 우리나라에서 가장 존경받는 학자였기에 그때 충격은 말할 수 없었다. 그때 엔트로피 법칙이 떠올랐다. 무엇이든 방치되면 무질서가 증가되는 자연 퇴화 법칙이다.

인류 최대의 거짓말은 상대주의 무신론과 진화론이다. 결국 이러한 거짓 진리 위에 하나님 없는 진보와 하나님 없는 보수가 탄생했다. 진보는 무책임과 죄악의 문화를, 보수는 독주와 오만의 문화를 낳는다. 이번에는 대통령의 오만함을 심판한 것이지만 앞으로는 여야 가릴 것없이 죄악을 심판할 것이다.

세계는 기갈의 시대…
부흥과 추수 일어나 더 많은 영혼 구원되길

"주 여호와의 말씀이니라 보라 날이 이를지라 내가 기근을 땅에 보내리니 양식이 없어 주림이 아니며 물이 없어 갈함이 아니요 여호와의 말씀을 듣지 못한 기갈이라."(암 8:11) 지금 전 세계는 예수 복음과 말씀 진리에 목말라 있다. 지난주 국가적 위기로 긴장이 흐르는 격동의 땅 대만을 다녀왔다. 중국의 전쟁 위협, 미국 대선의 향방 등 절박한 상황에서 타이베이 중심을 강타하는 10억 영혼 구원 운동(BSH)의 태풍이 불었다. 그 중심에는 청년, 직장인들과 젊은 목회자들이 있다. 사실 대만은 신중산층이 많아지는 가운데 밀레니얼세대를 중심으로 하나님을 열망하는 영적 기갈이 최고조에 달하고 있다.

최근 핀란드를 다녀온 BSH 국제 본부장 조영훈 목사는 다음과 같이 보고했다. "북유럽에서 가장 빠르게 복음주의 교회가 성장하고 있는 나라로 주목받고 있는 핀란드에서 젊은 세대들이 거리 전도와 노방 전도에서 열린 마음으로 다가와 복음을 기쁘게 받아들이는 모습을 보며 큰 감동을 받았습니다. 불과 20~30년 전만 해도 기독교에 대한 강한 편견이 자리 잡고 있던 이 땅에, 이제는 성령의 새로운 바람이 불어오고 있다는 것이 현지인들의 공통된 증언입니다. 하나님의 크신 사랑이 핀란드를 향해 임하고 있음을 찬양하지 않을 수 없습니다."

곳곳에서 영적 차원의 배고픔과 목마름이 심화하고 있다. 인종과 민족을 초월해 남녀노소 가릴 것 없이 영적 양식과 생수를 열망하고 있다. 특히 인도 네팔 파키스탄 이집트 나이지리아 에티오피아 영국 북유럽 우크라이나 루마니아 중국 대만 인도네시아 스리랑카 과테말라 니카라과 브라질 아르헨티나 이란 팔레스타인 등 힌두권 이슬람권 불교권 중화권 가톨릭권을 막론하고 대다수 지역에서 그리고 난민지역과 분쟁지역에서 놀라운 영혼 구원의 역사가 일어나고 있다.

최근 BSH 본부에서는 10억 영혼구원 운동과 '10억 영혼 섬김 운동'(Billion Soul Care)을 동시에 전개하고 있다. 이는 공교롭게도 영적 굶주림과 목마름의 현상이 인류가 겪는 육체적 결핍(식량부족과 식수부족)의 솔루션을 찾기 위해 몸부림치고 있는 현실과 중첩돼 나타나면서 영혼 구원과 상승작용을 일으킬 수 있기 때문이다.

곳곳에서 영적 차원의 배고픔과 목마름이 심화하고 있다. 인종과 민족을 초월해 남녀노소 가릴 것 없이 영적 양식과 생수를 열망하고 있다.

실제로 세계 식량 위기는 남서아시아와 카리브해 그리고 아프리카 지역에서 심화되고 있다. 2024년 유엔보고서는 "전 세계 인구의 약 절반가량은 1년 중 일부 기간 심각한 물 부족을 경험하고 있다"고 밝혔다. 식량이나 물 같은 필수 자원이 부족해지면 사회 구성원 간 긴장이 고조돼 분쟁 전염병 지구온난화 초인플레이션 대량이주 기타위기 등을 초래할 수 있다는 것이다. 이런 상황에서 그들의 고통과 아픔을 덜어주면서 복음을 전하는 일은 매우 중요한 전략이다.

알려진 대로 인도에서의 부흥은 대부분 힌두교인들의 개종이 주류를 이루고 있다. 달릿 계층이라고 부르는 하류층에서 시작된 부흥은 봇물이 터지듯 중산층과 상류층으로 파고들며 복음 진리가 퍼지고 있다. 겉으로는 인도 전통을 따르면서 속으로는 예수 그리스도를 따르는 이른바 '내부자 운동'이 브라만 계층을 중심으로 상류층과 비즈니스, 정치 영역에까지 확산되고 있다.

인도에서 가장 부유한 주인 펀자브는 크리스천이 최소 20~50%에 달한다. 네팔에서는 유례가 없을 정도로 교회 부흥이 일어나 한때 국교였던 힌두교를 뒤흔들고 있다. 조용히 복음이 확산되고 있는 파키스탄은 크리스천이 최대 1000만명에 이르고 있으며 선교사가 주도하는 국제리더십 훈련센터를 통해 모든 영역에서 성경적 리더십이 뿌리내리고 있다. 불교국가인 스리랑카에서는 기도의 집 운동을 통한 국가적 복음화 운동이 불붙고 있다.

팬데믹 이후 중동의 무슬림들은 대거 주님께 돌아오고 있다. 이집트에는 1000만의 콥트 기독교인 외에도 500만 개신교인이 있을 정도로 부흥의 물결이 일고 있다. 이란에는 최소 200만에서 최대 700만명의 지하교회 성도들이 있다고 하는데 주로 내부자 운동으로 전개되는 복음 전파가 특징적이다. 튀르키예에서 열정적으로 복음을 전하는 분들은 대부분 이란 난민들이라고 한다. 처절한 결핍으로 고통받는 가자지구에서는 팔레스타인 주민 수백명의 꿈에 부활하신 예수님이 나타나는 기적을 체험하면서 급속도로 복음이 확산되고 있다.

최근 영국은 새로운 부흥을 경험하고 있고, 전쟁 중인 우크라이나에도 복음의 역사가 왕성하게 일어나고 있다. 루마니아에서는 꾸준하면서도 조용한 부흥이 이어지고 있으며 중국 젊은이들과 대학가에서는 인터넷과 SNS를 통해 신속한 복음 전파가 이루어지고 있다. 브라질에서는 폭발적인 부흥이 계속되면서 중남미의 부흥을 주도하고 있으며 과테말라와 니카라과에서는 국가적인 부흥이 일어나고 있다. 인도네시아 교회는 BSH 운동에 부응해 2030년까지 3만명의 선교사를 파송한다는 비전을 갖고 있다. 이처럼 전 세계에서 BSH 운동이 연쇄적으로 일어나는 이유는 단 하나, 모두가 복음 진리에 굶주리고 있다는 것이다. 위대한 기갈의 시대에 열리는 세계추수 정상회의(Global Harvest Summit)에 폭발적인 성령의 역사가 일어나길 기도한다.

'슬기로운 다섯 처녀'처럼
주님의 다시 오심을 준비하는가

유대인들이 저지른 중대한 실수는 초림 때에 주님을 맞이할 기회를 놓쳤다는 것이리라. "참빛 곧 세상에 와서 각 사람에게 비추는 빛이 있었나니 그가 세상에 계셨으며 세상은 그로 말미암아 지은 바 되었으되 세상이 그를 알지 못하였고 자기 땅에 오매 자기 백성이 영접하지 아니하였으나."(요 1:9~11) 참으로 안타까운 일이었다. 사실 아무도 메시아의 초림을 믿지도 기대하지도 않았다. 누가복음 2장에서 진정으로 주님의 초림을 기다렸던 인물은 시므온과 안나 정도였다.

재림 신앙은 성경의 핵심 중 핵심이며 가장 보배로운 신앙이다. 그런데 '재림'하면 성도들은 종말론을 팔아먹는 거짓 선지자들이 연상된다. 특히 1992년 다미선교회·다베라선교회 등 시한부 종말론자들이 10·28휴거설을 퍼뜨리며 사회에 물의를 빚은 사건을 떠올리며 재림 신앙에 대한 강한 거부감을 보이는 분들도 있다. 물론 종말론적 상황에서는 미혹하는 자들을 조심해야 하고 고도의 영적 분별력을 발휘해야 한다. 그러나 지금은 모든 상황을 분석할 때 마태복음 25장의 슬기로운 다섯 처녀처럼 철저히 주님의 다시 오심을 준비해야 할 시점이다.

'늑대와 양치기 소년'이라는 이솝 우화가 생각난다. 어느 마을에 양치기 소년이 있었는데 늑대들이 나타나 양을 물어간다느니 잡아먹는다느니 식으로 수시로 장난삼아 소리 질렀다. 처음 몇 번은 마을 사람들이 놀라 부리나케 달려왔지만 그때마다 골탕을 먹고 바보가 된 기분으로 화를 내거나 투덜거리며 돌아갔다.

그러던 어느 날 진짜로 늑대가 나타나 양들을 물어가기 시작했다. 양치기는 이번엔 절대 거짓말이 아니라면서 마을 사람들에게 호소했으나 사람들은 이번에도 절대로 속지 않을 것이라며 한 명도 도와주러 오지 않았다. 결국 양치기는 그렇게 모든 양떼를 잃고 말았다.

이제 주님의 다시 오심을 사모하며 준비하지 않으면 모든 것을 잃을 수 있음을 깨닫고 각성해야 한다. 예배 때 사도신경을 고백하며 앵무새처럼 되풀이하는 껍데기 신앙생활을 벗어버리고 주님의 다시 오심을 앙망하는 재림 신앙으로 무장하고 십자

'충성 되고 지혜 있는 종이 되어 주인에게 그 집 사람들을 맡아 때를 따라 양식을 나눠 줄 자가 누구냐'는 말씀처럼 각자 맡겨진 사명을 충성스럽게 감당해야 하리라. 요즈음은 그 임박성에 새벽이면 저절로 눈이 떠진다.

가 복음과 더불어 마라나타 복음을 땅끝까지 전해야 할 때이다. 임박한 재림에 대한 증거들을 정리해 보자.

첫째는 성경에 기록된 명확한 예수님의 말씀이다. "이것들을 증거하신 이가 이르시되 내가 진실로 속히 오리라 하시거늘 아멘 주 예수여 오시옵소서."(계 22:20)

둘째는 현상적인 자연의 징조이다. "민족이 민족을, 나라가 나라를 대적하여 일어나겠고 곳곳에 기근과 지진이 있으리니 이 모든 것이 재난의 시작이니라"(마 24:7~8) "곳곳에 큰 지진과 기근과 전염병이 있겠고 또 무서운 일과 하늘로부터 큰 징조들이 있으리라"(눅 21:11)는 예수님의 말씀대로 지금 전 세계에는 지속적인 전쟁과 연쇄 지진, 무서운 전염병, 경제 위기로 인한 기아 문제가 속출하고 있다. 더욱이 여름철 폭염과 겨울철 한파는 매해 그 기록을 갈아치우고 있다. 이례적인 홍수와 가뭄, 산불 등의 재앙이 지구촌을 뒤덮고 있다

셋째는 부패한 사회 현상이다. "불법이 성하므로 많은 사람의 사랑이 식어지리라"(마 24:12) "말세에 고통하는 때가 이르러 사람들은 자기를 사랑하며 돈을 사랑하며…쾌락을 사랑하기를 하나님 사랑하는 것보다 더하며"(딤후 3:1~4)의 말씀처럼 범람하는 쾌락 추구와 극심한 타락, 돈 중심의 맘모니즘, 중독 수준의 자기 사랑이 만연하고 있다.

넷째는 세계 복음화의 속도이다. "이 천국 복음이 모든 민족에게 증거되기 위하여 온 세상에 전파되리니 그제야 끝이 오리라"(마 24:14)는 말씀처럼 성경 번역이 2025년 완성되고 500여 군데 남은 미전도종족을 향한 복음 전파는 2030년까지 마무리될 예정이다. 나아가 4차 산업혁명 시대의 디지털 선교를 감안하면 아마 땅끝까지 모든 나라, 모든 족속, 모든 언어권에 복음이 전해졌다고 단정해도 무리가 아니다.

다섯째는 이슬람권의 부흥과 이스라엘 회복의 징조이다. "그 날에 이스라엘이 애굽 및 앗수르와 더불어 셋이 세계 중에 복이 되리니…나의 백성 애굽이여, 내 손으로 지은 앗수르여, 나의 기업 이스라엘이여, 복이 있을지어다"(사 19:24~25)는 말씀처럼 수많은 무슬림들이 내부에서 주의 백성으로 변화되는 놀라운 부흥이 일어나고 있다. 또 이스라엘에도 '메시아닉 쥬'라고 불리는 유대인들이 줄지어 예수님께 돌아오고 있다.

여섯째는 "다니엘아 마지막 때까지 이 말을 간수하고 이 글을 봉함하라 많은 사람이 빨리 왕래하며 지식이 더하리라"(단 12:4)는 말씀과 일치하는 디지털 대량 지식 전달 체제와 21세기에 등장한 빠른 교통이동 수단이다.

일곱째는 불법의 비밀(살후 2:7)에 입각한 글로벌 체제의 조용한 등장, 최근 세계보건기구(WHO)가 팬데믹 비상시 세계 질병 감시체계를 작동시킨 것과도 무관하지 않다.

여덟째는 팬데믹 이후 종교의 붕괴와 더불어 아프리카 아시아 중남미에서의 폭발적인 기독교 부흥과 추수(회심)가 현실로 이어지고 있다. "형제들아 너희가 스스로 지혜 있다 하면서 이 비밀을 너희가 모르기를 내가 원하지 아니하노니 이 신비는 이방인의 충만한 수가 들어오기까지 이스라엘의 더러는 완악하게 된 것이라."(롬 11:25)

지금은 주님이 오실 길을 준비하는 재림 신앙과 추수와 거룩에 집중하는 그리스도의 신부 영성이 절실히 필요한 시점이다. '충성 되고 지혜 있는 종이 되어 주인에게 그 집 사람들을 맡아 때를 따라 양식을 나눠 줄 자가 누구냐'는 말씀처럼 각자 맡겨진 사명을 충성스럽게 감당해야 하리라. 요즈음은 그 임박성에 새벽이면 저절로 눈이 떠진다.

창조적 대분출을 위한 믿음의 생태계를 구축하라

　　1400~1425년 사이 이탈리아 피렌체 지방에서는 엄청난 숫자의 걸작품들이 탄생했다. 어떻게 조그마한 도시가 그토록 많은 위대한 예술가들을 배출할 수 있었을까. 한마디로 피렌체 르네상스는 문화 생태계의 열매이다. 무역과 섬유업, 은행을 통해 14세기 말 유럽에서 가장 부유한 도시가 된 피렌체는 경제적 불평등으로 인한 정치적 긴장의 해소 방안으로 새로운 아테네 즉 '유럽에서 가장 아름다운 도시'로 조성된다. 이렇게 시작한 고대 문화의 재발견은 새로운 피렌체를 위한 기초가 된다. 그 기반 위에 메디치 가문 같은 훌륭한 후원자들과 탁월한 예술가들을 포함한 모든 시민의 생태계 조성이 창조적 대분출의 역사를 이룬 원동력이 되었다. '지식-사람-재원'의 시스템이다.

　　종교개혁 역시 새로운 생태계의 산물이다. 1517년 10월 31

일 종교개혁가 마르틴 루터가 당시 교황제도를 중심으로 하는 비성경적 종교 행태를 비판한 내용의 95개조 반박문을 발표하면서 다섯 가지 '솔라'(Solas·오직 성경, 오직 그리스도, 오직 은혜, 오직 믿음, 오직 하나님께 영광)로 요약되는 원리를 주장한 데에서 출발했다.

그러나 이 사건 이전 이미 유럽 교회 내부에 존 위클리프, 얀 후스, 윌리엄 틴들, 사보나롤라 같은 선구자들이 성경을 원문으로 해석하고 오직 성경을 강조함으로써 교회 제도보다 성경의 권위를 높이는 생태계가 조용히 구축된 것이다. 여기엔 작센의 영주 프리드리히 3세가 바르트부르크성(城)에 루터를 숨겨주고 후원해 준 공로를 빼트릴 수 없다. 종교개혁이란 영적 대지진 역시

성경과 종교개혁가, 후원자가 구축한 3각 생태계라 할 수 있다.

필자는 2006년 영적 스승이었던 김준곤 목사의 소개로 세계적 선교전략가인 루이스 부시 박사를 만났다. 이를 계기로 뛰어든 세계변혁(Transform World) 운동은 그 열매로 글로벌 리더들을 만났다는 점이다. 당시 출범했던 100만 자비량 선교운동이 중국 가정교회의 쉬용저 목사 형제와 연결되면서 중국 대만 말레이시아 미국 등지의 화교 교회 리더들을 알게 되었다. 2010년 인도의 차우다리 박사를 만나면서는 인도의 핵심 리더들은 물론 전 세계 가정교회와 연결됐다. 또 미국의 존 랍이라는 기도의 거장을 만나면서 제이슨 허버드, 딕 이스트만 등 세계적 기도운동의 리더들과도 연합하게 됐다. 이후 성령의 불쏘시개 같은 인도네시아의 다니엘 판지, 파키스탄의 제임스, 브라질의 산토스와 브루노, 케냐의 무투아, 독일의 나하티갈, 나이지리아의 우카치 목사를 만나며 섬김의 네트워크가 형성되었다. 여기에 황덕영(새중앙교회) 목사 등 한국의 차세대 리더십이 비전의 중심에 자리 잡게 되었다.

팬데믹이 시작되면서 뉴노멀이 일상화되는 가운데 전쟁과 기후변화 등으로 불확실성이 증대되고 주님의 재림 임박이 인식되는 가운데 형성된 영적 갈급함이 심화돼 '빌리언 소울 하비스트(BSH)'의 비전(지식)이 선포되는 세계적인 대추수의 생태계가 이루어지게 되었다. 이는 교회가 위축되고 선교가 쇠퇴하면서 세계 교회가 비전에 굶주린 상황에서 BSH가 극적으로 이루어진 배경이다.

오는 29일 열리는 세계추수전략회의(Global Harvest Summit)의 초점은 글로벌 추수 전략과 실행 계획이지만 이번 대회의 하이라이트는 100개국의 코디네이터가 확정되는 것과 영혼 구원을 극대화하는 100개의 글로벌 프로젝트를 확정한다. 이 큰 그림은 세계적 펀드와 후원 교회들이 연결되어야 지식-사람-재원의 시스템이 완성된다.

BSH는 말씀에 기초한 성령의 주도성에 의해 움직이고 있다.(딤전 2:4) BSH 초기 핵심 리더들이 흔히 받았던 질문은 '이 엄청난 사역을 이루어가는 계획이 무엇인가'이다. 대답은 '무계획'이었다. 사람의 머리로는 도저히 풀 수 없는 사역이었기 때문이다.

이 운동은 이미 알려진 대로 전 세계 리더들이 서명한 '언약(Covenant) 2033'이라는 합의된 목표와 4G의 컨텐츠를 가진다. 사역의 내용은 주님의 다시오심(Great Return)에 대비한 대추수(Great Harvest), 대연합(Great Unity), 그리고 견고한 진들을 무너뜨리는 대돌파(Great Breakthrough)의 4가지 명제로 진행되고 있다. 최근 대격변(Great Upheaval), 대기갈(Great Hunger), 대정렬(Great Reset), 대실천(Great Action)이라는 새로운 4G를 추가하며 실시간 상황에 맞는 전략을 준비하고 있다.

이 운동의 특성은 거룩(Holy), 겸손(Humble), 은닉(Hidden)이다. '폭발점에 이를 때까지 오직 하나님 앞에서 조용히 진행한다. 혼잡한 것이 섞이지 않게 하려고 오직 그리스도만 높인다. 오직 하나님의 사람을 부른다'는 원리로 하나님이 보내주시는 사람들과 일하되 서로 섬기는 한 몸 공동체의 생태계를 구축하며 오직 믿음으로 나아갈 뿐이다.

서구 세계와 주류 세계의 리더십이 공존하며 서로 세워주는 공동 리더십으로 운영하되 제도가 아닌 유기적 관계로, 신뢰와 우정을 바탕으로 하는 가족 공동체로서 믿음의 생태계를 구축하는 것이다. 카이로스(하나님의 때)의 시간에 맞춰 때로는 느리게, 때로는 신속하게 나아가며 궁극적인 목표를 이루는 구조를 지향한다. 모든 사역이 그렇듯 BSH의 핵심 원리는 절대 진리인 말씀을 붙들고 뜨겁게 기도하며 순간순간 성령의 인도하심에 순종하는 것이다.

전 세계의 지각변동은 선교전략의 급진적 변화를 요구하고 있다

금년 가을 한국에서는 예수 그리스도의 복음으로 전 세계를 뒤덮는 세계복음화 비전을 가진 두 개의 국제 행사가 열린다. 하나는 제4차 로잔대회가 인천 송도 컨벤시아에서 열리고 또 하나는 제1회 세계추수정상회의(Global Harvest Summit)가 강원도 평창 알펜시아에서 열린다. 두 대회의 뿌리는 20세기 대표적 복음주의자 빌리 그레이엄과 빌 브라이트의 생애와 사역, 그리고 그들의 철저한 복음적 헌신이 가져온 열매이다. 공교롭게도 두 사람은 1960년이 시작함과 동시에 빌리그레이엄전도협회(BGEA)와 대학생선교회(CCC)를 설립해 세계복음화의 새로운 지평을 열었다.

두 기관은 오직 복음전도와 영혼구원에 초점을 맞춰 초고속으로 달려갔던 하나님 나라 기관차의 강력한 선교 엔진이었다.

지금까지 BGEA를 통해 복음을 듣고 주님을 영접한 사람은 2억 명이 넘고 CCC는 4영리와 10단계 성경공부를 통해서 대학생을 비롯해 수많은 성도에게 체계적인 전도훈련과 제자훈련을 제공했다. CCC는 특히 '예수 영화'를 통해 전 세계 40억 이상의 영혼에게 생생한 복음을 전하며 미디어 선교의 위력을 보여줬다.

국제로잔대회는 1974년 빌리 그레이엄과 존 스토트 목사가 당시 날카롭게 대립했던 개인구원과 사회변혁을 통합한 총체적 복음(Whole Gospel)이라는 이슈를 주도하며 시작됐고, 1989년 2차 로잔대회(마닐라)에서 랄프 윈터와 루이스 부시가 주창한 미전도종족 선교와 10/40창을 중심으로 세계 선교의 포문을 열며 2010년 남아공 대회를 거쳐 이번 한국 대회에 이르게 되었다.

세계추수전략회의는 2003년 별세한 빌 브라이트 목사의 유언인 '10억 영혼 구원'(Billion Soul Harvest)이라는 명제를 실현하기 위해 2005년 미국 댈러스에 모인 '빌 브라이트 이니셔티브'라는 모임에서 세계적인 비전으로 선포되었다. 이후 이 비전은 2020년 미국 콜로라도 스프링스에 모인 미국 한국 중동 인도 아프리카 국가의 선교 리더들에 의해 재점화돼 2021년 10월 제1회 빌리온소울하비스트 글로벌 서밋에서 꽃을 피우게 됐다. 이후 미국에서 2022년 2차 대회를 거쳐 이번에 한국에서 영혼구원의 불쏘시개로 이루어진 100여개국 800명의 대표가 세계추수정상회의에 참가하게 된다.

필자는 2017년 한국세계선교협의회(KWMA) 회장의 자격으로 독일 구텐베르크에서 열린 종교개혁 500주년 기념 국제로잔 70인 회의에 참석한 적이 있다. 이때 만난 국제로잔 대표인 마이클 오 박사에게 한국에서 4차 로잔대회를 해야 한다고 강력하게 말했다. 그 이유는 '세계 복음화의 완성'이라는 목표를 위해 지금까지 기초로 했던 과거의 로드맵으로는 현재의 급변하는 상황을 돌파할 수 없기 때문이었다. 지금의 상황 변화를 통해 미래 목표를 재설정하는 새로운 세계 복음화의 로드맵이 절실했었다.

우여곡절 끝에 한국에서 로잔대회가 열리게 된 것은 절대적인 하나님의 은혜이고 이는 세계 문명사의 대변혁이 일어나고 있는 역사의 전환점에서 시의적절한 것으로 보인다. 이번 로잔대회에 하나님의 강력한 임재와 예수 그리스도의 강권적인 은혜가 임해 성령께서 주도하시는 은혜의 장이 펼쳐지기를 기도한다.

2021년 본격적으로 시작된 빌리온소울하비스트 운동은 이후 열린 2차 대회와 차세대 대회를 계기로 확산돼 현재 50여개국에서 수십 차례 권역 국가 지역대회가 열려 수많은 그리스도인의 가슴에 영혼 구원의 불을 붙이고 있다. 이번 세계추수정상회의는 지금까지의 현황 파악과 객관적 진단을 토대로 영적 대추수에 대한 총체적 전략을 세우되, 2033년까지 권역 국가 영역

팬데믹 이후 지구촌은 전쟁 지진 폭염 한파 홍수 산불 등 엄청난 기후변화를 경험하고 있다. 이 모든 현상이 실시간으로 미디어를 통해 전 세계에 전달되면서 그 묵시록적 현상에 촉각을 곤두세우고 있다.

별로 실행 계획(Action Plan)을 설정해 전 세계 교회와 선교기관이 영혼 구원에 초점을 맞춰 달려가야 한다는 전제 아래 조용히 진행되고 있다. 모든 사역의 방향을 주님의 다시 오심을 위한 대추수 & 대연합 그리고 견고한 진을 돌파하는 대돌파의 4가지 대명제로 진행되고 있다.

전 세계는 예수 복음에 목말라 있다. "너희 눈을 들어 밭을 보라 희어져 추수하게 되었도다"(요 4:35)는 말씀이 가장 정확하게 적용되는 시기가 바로 지금이다. 팬데믹 이후 전 세계의 영적 기류는 예수 그리스도에게 집중돼 있다. 팬데믹 이후 지구촌은 전쟁 지진 폭염 한파 홍수 산불 등 엄청난 기후변화를 경험하고 있다. 이 모든 현상이 실시간으로 미디어를 통해 전 세계에 전달되면서 그 묵시록적 현상에 촉각을 곤두세우고 있다. 아직도 많은 사람들은 안정된 미래를 갈망하지만 상황은 날로 악화하고, 평화를 위해 기도하지만 그것은 허상에 불과함을 깨닫고 절망하고 있다. 특히 밀레니얼 세대는 공평과 정의라는 가치관에 집착하는 경향이 강한데 현실의 부조리와 왜곡된 세계에 대한 절망에 그들의 목마름은 절정에 달하고 있다.

결론적으로 전 세계의 상황은 예수 그리스도의 복음에 대한 갈망으로 요약될 수 있다. 그들은 진정성의 보고인 성경 진리에 목말라 있다. 그들은 하나님의 형상으로 창조된 인간이 하나님을 만나 영적인 필요를 채우기 전에는 결코 만족할 수 없다는 진실에 근접하고 있다. 이러한 전 세계적 상황 변화와 지각변동은 선교 전략의 급진적 변화를 요구하고 있다. 이번 가을, 이 모든 필요를 채울 강력한 성령의 역사와 놀라운 은혜가 4차 로잔대회와 세계추수정상회의에 부어지길 기도한다.

정확한 선교 현황 파악·전략 수립 필요…
겸손히 연합, 복음 전해야

글로벌 하비스트 서밋(GHS)이 지난달 29일 강원도 평창 알펜시아리조트에서 개최됐다. 30일 밤에는 영혼 구원의 축제가 진행되는 가운데 하늘 문이 열리고 성령이 기름 부으시는 폭발적인 역사가 일어났다. 모든 참석자가 강권적인 하나님의 은혜를 경험했다. GHS 대회장 황덕영 새중앙교회 목사의 기도가 끝난 다음 시작한 뜨거운 불꽃이 예수전도단(YWAM)의 찬양으로 기름을 부었고 80여개국 700여명이 하나 되어 춤추고 찬양하며 기쁨으로 충만한 시간을 가졌다. 특히 차세대 대표로 참석한 국제 꿈의학교 학생들과 한동대 학생들이 참여해 온 세대가 하나 되는 경이로움을 체험했다.

전 세계 10억명을 향한 선교 전략 어젠다 설정에서는 영혼 대추수의 긴급성(urgency), 실행(implementation), 가속화

(acceleration), 돌파(breakthrough) 등 4가지 주제가 선포됐다. 이를 위해 대연합(great unity)이 선행되어야 하며 이어 대돌파(great breakthrough)가 이루어져야 한다는 전제로 방법론과 사례들이 발표됐다.

스리랑카 샤시 목사는 불교 국가였던 나라가 기도의 집을 중심으로 한 연합운동, 특히 돌파 기도운동을 통해 수많은 승려가 주님을 만나 변화되는 등 국가를 뒤흔드는 폭발적인 부흥이 일어나고 있다고 보고했다.

고성준 수원 하나교회 목사는 한국 청년 연합 부흥 운동을 설명하면서 성령의 인도하심을 따라 자발적으로 모여든 청년들의 기도에 의해 크고 작은 영적 돌파가 일어나는 사례를 설명했다. 미국의 브라이언 알라리드 목사에 의해 시작된 영혼 구원을 위한 '바이 네임(by name) 연합 기도운동'도 소개됐다.

FTT(Finishing The Task) 운동을 주도하며 선교에 올인하고 있는 릭 워런 새들백교회 창립 목사는 '긴급한 시대의 지상명령'이라는 메시지를 통해 주님의 지상 명령 성취를 좌우하는 것은 긴박감과 더불어 교회의 연합이라고 강조했다. 그는 이를 위해 겸손하게 하나 되는 것이 필요하다고 강조했다. 워런 목사는 "앞으로 이 대회가 계속 한국에서 열리길 소망한다. GHS가 세계 복음화의 미션 허브가 되기를 축복한다"고 전했다.

세계 기도운동을 주도하는 국제기도콘퍼런스(IPC · International Prayer Conference) 제이슨 허바드 총재는 세계 선교의 110개 거점 도시를 중심으로 하는 연합 중보기도 운동에 전 세계 수백만 명을 통해 지역적 돌파가 이루어지고 있음을 보고했다.

이어 등장한 황덕영 목사는 '총동원 선교(All believers activated)'라는 사례 발표에서 빌리온 소울 하비스트(BSH)의 7가지 어젠다 중 하나인 '전 신자 선교사화'를 다뤘다. 그는 새중앙교회의 모든 성도를 파송하는 타깃 2030 선교 비전을 통해 "앞으로 6년 후에는 새중앙교회 성도가 한 명도 남지 않더라도 이 비전을 포기할 수 없다"고 말해 세계 리더들을 놀라게 했다.

셋째 날인 지난 1일은 '거룩과 추수'라는 어젠다를 설정했다. 정확한 선교 현황 파악과 이에 근거한 전략 수립을 위해선 급진적 투명성(radical transparency)과 급진적 개방성(radical openness)에 근거해야 한다고 강조됐다. 특히 전 세계 영혼의 추수를 가로막고 있는 것은 거룩의 부재라는 명제 아래 모든 세대가 성결하고 겸손한 그리스도의 군사로 연합되어야 함을 강조했다. 2BC 운동을 주도하는 톰 빅터 목사는 10억 영혼 구원을 신속하게 이루기 위해선 복음의 수용도가 높은 20억 어린이를 품어야 한다고 역설했다.

세계 최대 교회 중 하나인 갈보리템플을 담임하는 그는 "하나님(God) 이름도 가야 한다, 좋은 소식(Good news)도 가야 한다, 복음(Gospel)도 가야 한다, 가야(Go) 역사가 일어난다"고 역설했다.

조정환 국제어린이전도협회(CEF) 총재는 현재 전 세계 각국의 30여만 CEF 스태프와 자원 봉사자들과 혁신적인 도구들을 활용해 매년 4000만명의 어린이들에게 복음을 전해 2032년까지 5억 어린이들을 구원하자는 비전을 선포했다.

지난해 2월 미국 부흥의 진원지였던 애즈버리대학 케빈 브라운 총장은 부흥을 잘 관리하려면 극단적인 겸손(radical humility)이 필요하며 모든 젊은이가 부흥을 갈망하면서 연합해 강점을 극대화하는 것을 비롯해 부흥과 추수가 연결되어야 함을 강조했다.

'세계기도정보' 공동 대표인 제이슨 맨드릭은 '새로 부상하는 세대(Another rising generation)'에서 앞으로 60세 이상 노년층이 주류를 이루는 새로운 인구 구조를 예측하고 10억 영혼 구원을 위해서는 이에 맞는 전도전략을 수립해야 한다고 촉구했다.

국제대학생선교회(CCC)가 추진해온 '예수' 영화 사역의 빌 월프는 지금까지 40억명에게 복음을 전하는 도구로 쓰임 받았던 예수 영화가 완전히 새롭게 제작돼 개봉된다는 소식과 더불어 어린이를 대상으로 하는 애니메이션 예수 영화를 소개하기도 했다.

저녁 집회에서는 검은 아바야(베일)로 얼굴을 가린 샤피아 자매가 예수를 믿고 변화된 이후 계속 살해 위협을 받다가 이사야 61장을 통해 자유와 해방을 선포하며 베일을 벗은 간증을 전했다. 이어 고통당하고 핍박받는 나라의 대표로 북한 우크라이나 이스라엘에서 일어나는 놀라운 주님의 일하심과 박해받는 이들을 위한 절박한 중보기도가 이어졌다.

인도 사티시 쿠마르(갈보리템플) 목사는 '모든 나라로 가라'는 메시지를 전하며 참가자들의 마음을 뒤흔들었다. 세계 최대 교회 중 하나인 갈보리템플을 담임하는 그는 "하나님(God) 이름도 가야 한다, 좋은 소식(Good news)도 가야 한다, 복음(Gospel)도 가야 한다, 가야(Go) 역사가 일어난다"고 역설했다.

죄를 덮는 것은 은혜가 아니다

　　나는 감히 거룩이라는 용어를 언급할 수 없는 사람이다. 병원과 기업을 운영하면서 법적으로 두 번이나 검찰 기소를 당해 선고유예, 기소유예의 판결을 받은 적이 있는 죄인이다. 무지의 결과였고 억울한 면이 있었으나 현행법을 위반한 것은 틀림없었다. 그것은 겉으로 드러난 것이고 하나님 앞에 서면 날마다 가슴을 치며 애통할 수밖에 없는 죄인이다.

　　아직도 세상의 영향력을 극복하지 못하는 연약함과 죄성, 견고하지 못한 믿음을 한탄하게 된다. 성경을 가르치지만 말씀대로 살지 못하니 영적 사기꾼임을 고백하지 않을 수 없고 폭포수와 같은 하나님의 사랑과 은혜를 받고도 제 역할을 못 하니 죄인의 괴수요, 세계 선교와 영혼 구원을 외치면서 가장 가까운 이웃조차 사랑하지 못할 때가 있으니 어찌 위선자가 아니겠는가. 그래도 강권적인 주님의 은혜로 오늘까지 왔으니 그 은혜의 놀라운 파격성을 절감하게 된다.

거룩 겸손 은닉의 원칙

최근 빌리온 소울 하비스트(BST·Billion Soul Harvest)라는 세계적인 운동에 참여하고 섬기면서 핵심리더들과 합의한 사항이 있다. 그것은 Holy(거룩), Humble(겸손), Hidden(은닉)의 3H 원칙인데 이 매력적인 원칙은 많은 글로벌 리더들이 이 운동에 동참하는 결정적인 역할을 하게 됐고 리더들의 강점을 끌어내는 힘이 되었다.

거룩의 본질은 '하나님을 두려워하는 것'이다. 그래서 겸손해지고 내가 드러나지 않게 되기에 이른바 3H의 리더십은 하나로 관통한다. 거룩이라는 단어가 신약에서는 온전함, 충만함의 의미로 쓰이고 "그리스도의 장성한 분량이 충만한"(엡 4:13)이라는 표현에서 뜻이 완성된다.

10·27 연합예배와 기도회가 끝난 지금 이 대세를 몰아 한국교회의 모든 역량을 끌어내어 주님이 주신 사명을 감당하려면 모든 리더들이 3H(거룩·겸손…은닉) 영성으로 무장돼 하나 됨을 이루어야 한다. 거룩은 진실한 회개의 열매로 맺어진다. 사실 한

국교회가 회개를 자주 언급하지만 이는 감성의 문제가 아닌 하나님을 두려워해 빛으로 오는 방향성의 문제이다.

어둠을 떨쳐버리고 빛으로 오는 여정인 것이다. 그런 의미에서 "저가 빛 가운데 계신 것같이 우리도 빛 가운데 행하면 우리가 서로 사귐이 있고 그 아들 예수의 피가 우리를 모든 죄에서 깨끗하게 하실 것이요"(요일 1:7)의 말씀은 자백하기만 하면 죄사함을 받는다는 말씀(요일 1:9)을 보완하는 중요한 성경 구절이다.

겸손은 거룩의 얼굴이다. 최근 유명해진 투자 전문가 레이 달리오의 '원칙'이라는 책은 나 자신을 깊은 자기성찰로 이끌며 나약한 사고의 틀을 철저히 변화시켰다. 잘 나가던 그가 나이브한 경영으로 부도를 맞고 처절한 성찰 끝에 얻어낸 결론은 '나는 언제든 틀릴 수 있다'는 극단적 겸손과 철저한 경청이다. 그래서 그는 중요한 결정을 할 때 의도된 반대파를 만들어 토론하는 방식을 택한다.

문제를 파악할 땐 급진적 투명성(radical transparency), 해결책을 제시할 땐 급진적 개방성(radical openness)을 모토로 투자정책 회사를 세운 뒤 놀라운 성공을 거두며 승승장구하고 있다. 대부분의 독선은 어두운 밀실에서 이루어진다. 여기엔 투명성과 개방성이 비집고 들어갈 틈이 없다. 그래서 어둠을 드러내는 투명성과 개방성은 거룩의 핵심 요소라 할 수 있다. 이를 위해선 자기부정과 진실에 직면할 용기, 즉 십자가의 영성이 필요하다. 그런 의미에서 거룩은 하나님과 사람 앞에 있는 그대로 드러낼 용기가 있는가의 문제로 귀결된다.

죄를 덮으면 어둠이 판친다

최근 한국교회를 짓누르는 것은 한 마디로 거룩의 문제이다. 최근 일어난 어느 교단 지도자의 불륜 논란은 교회는 물론 한국 사회 전반에 큰 충격을 주었다. 더 큰 문제는 그 사건 이후 대사회적 사과도 없고 공개적 회개도 없이 이를 은폐하려는 시도였다. 상처는 그냥 덮으면 곪아 터지게 되고 사소한 염증을 방치하면 패혈증으로 생명을 위협받게 된다. 얼마 전 필자가 섬기는 한 선교단체에서도 이사회 회의록 변조가 큰 이슈가 된 적이 있었다.

누군가에 의해 중요한 기록을 고의로 변조한 정황이 드러난 것이다. 이럴 때 항상 등장하는 이슈는 '그냥 은혜로 덮고 가자'는 것과 '드러내어 바로 잡자'는 두 가지 입장의 대립이다. 그러나 은혜는 회개한 죄인을 품는 것이지 죄를 덮는 것이 아니다. 위장된 평화는 항상 파국을 가져온다.

은혜는 회개한 죄인을 품는 것이지 죄를 덮는 것이 아니다. 위장된 평화는 항상 파국을 가져온다.

공의 없는 은혜는 없다. 피 흘림 없는 죄사함은 없다. 은혜라는 이름으로 죄를 덮으면 계속 어둠이 왕 노릇 한다. 하나님을 두려워하지 않고 사람을 의식해 죄를 덮는 공동체는 반드시 망하게 돼 있다. 반면에 빛으로 죄를 드러내어 치유하는 공동체는 번성하게 돼 있다. 사실 은혜는 공의를 전제로 부어지는 것이다. 사랑은 진리와 함께 기뻐한다. 진리를 배제한 사랑은 혼란만 가중시킬 뿐이다.

거룩의 또 다른 얼굴은 책임을 진다는 것이다. 필자는 최근에도 병원 문제로 경찰 조사를 받은 적이 있는데 아랫사람의 실수이지만 양벌규정에 의해 대표자인 병원장도 처벌을 받는다는 것을 알게 되었다. 물론 병원에는 대표원장 등 실무자가 있지만 대표자는 실무에 관여하지 않아도 무한책임을 지게 되는 것이다.

이 일을 통해 충격을 받고 리더로서 감당해야 할 책임감의 무게를 실감하게 되었다. 과연 내게 부과된 사명과 부르심의 영역에서 무한책임을 느끼고 있는가. 충성스러운 청지기로서 주님의 주되심(Lordship)과 우리의 청지기 신분(Stewardship)을 인정하는 겸손한 종으로 주님 앞에 몸부림치고 있는가.

예수님의 경고 중 가장 무서운 말씀은 "주인의 뜻을 알고도 준비하지 아니하고 그 뜻대로 행하지 아니한 종은 많이 맞을 것이요 알지 못하고 맞을 일을 행한 종은 적게 맞으리라 무릇 많이 받은 자에게는 많이 요구할 것이요 많이 맡은 자에게는 많이 달라 할 것이니라"(눅 12:47~48)는 구절이다.

영적 리더에게는 거룩 겸손 은닉이라는 기본 덕목 외에 '하나님 앞에 무한책임을 지는 태도'가 요구된다. 사실 이 시대의 불행은 느헤미야처럼 공의와 은혜, 사랑과 진리 가운데 치열하게 고뇌하면서 상황을 책임지는 리더가 없다는 것이다. 요즘은 새로운 역할을 덜컥 맡기가 겁난다. 그 이유는 공의로운 심판대 앞에 추궁당할 무한책임 때문이고 서머나 교회에게 주셨던 이 말씀의 부담감 때문이다. "네가 죽도록 충성하라 그리하면 내가 생명의 면류관을 네게 주리라."(계 2:10) 물론 '긍휼은 심판을 이긴다'는 야고보서의 말씀처럼 오늘도 하나님을 두려워하며 은혜로 승리하는 인생길을 뚜벅뚜벅 걷고 있다.

2부

"삶에서 직면한 모든 문제는
하나님 만나는 접촉점이 된다"

지난 1월 중순 스위스 융프라우 산자락인 그린델발트에서 세계적 전도 운동인 '고 무브먼트'(Go Movement)가 주도하는 국제전략회의가 열렸다. 필자는 유럽 한복판에서 복음 전도의 솔루션, 그 실마리를 찾는 4박 5일의 일정을 갖게 되었다. 4회에 걸쳐 전도 탐방기를 게재한다.

전형적인 알프스 설경에 함박눈이 내리는 날이었다. 숙소인 아이거뷰 산장에서 도보로 그린델발트 시내로 가는 모험을 감행했다. 문제는 여기가 목적지가 아니었다. 이 지역 지리를 몰라 큰 착각을 한 것이었다. 2시간 동안 눈 속에서 헤매며 회의 장소인 실버호른을 찾았다. 그러나 허사였다. 지도도 없었고 휴대전화도 연결이 안 됐다. 산장 주소도, 회의 장소 주소도 없었다. 무력감이 밀려 왔다. 딱 한 가지 길밖에 없었다. 기억을 더듬어

산장에서 여기까지 왔던 길을 찾아 다시 산에 오르는 것이 유일한 방법이었다. 결국 필사적인 노력과 하나님의 기적적 인도하심으로 산장에 돌아올 수 있었다.

이런 경험은 한국뿐 아니라 이미 후기 기독교 사회를 겪었던 서구 교회가 처한 현실과 유사하다는 것을 깨달았다. 비기독교인에게 기독교 신앙은 더 이상 매력이 없고 오히려 믿음이 있던 젊은이들마저 떠나가는 상황 앞에 직면한 교회의 무력감을 보는 것 같았다. 복음 전도가 어려운 정도가 아니라 아예 말도 꺼내기 어려운 절벽 같은 상황에 직면한 것이다.

다들 길을 잃고 헤매는 상황에서 지금까지 하나님이 세워 귀하게 쓰셨던 복음 전도자와 변증가, 사상가, 학자들을 다시 탐구하고 연구해 이 상황에 적용하는 길밖에 없다는 결론을 내리게 됐다. 유럽의 한복판에서 복음 전도의 솔루션, 그 실마리를 찾는 4박 5일의 일정을 갖게 된 이유다.

첫 번째로 방문한 곳은 1950년대 말 유럽에 파송된 미국 선교사 프랜시스 쉐퍼 박사가 스위스 산골에 설립한 라브리 공동체였다. 오래전 독일 연수 시절 스위스 라브리에 다니던 추억을 떠올리며 다시 몽블랑과 론 계곡이 내려다보이는 아름다운 위에모 마을을 찾았다.

스위스 라브리 공동체를 방문한 세계 각국 젊은이들이 기독교 신앙을 주제로 토론하고 있다.

쉐퍼는 '정직한 질문에 대한 정직한 대답'이라는 깃발을 들고 젊은이들을 모았다. 누구나 언제든지 찾아와 진리를 찾을 수 있는 따뜻한 공간이었다. 이른바 '진리의 실험실'이라고 불리는 라브리 공동체를 방문한 청년들에게 일대일 멘토가 붙고 그가 가져온 문제를 풀 수 있는 책과 테이프를 준다.

여기서 청년들은 자신이 씨름하고 있는 문제와 깊은 질문을 풀 수 있는 열린 생태계 속에 들어오게 되고 치열한 과정 끝에 결국 예수 그리스도를 만나게 된다. 쉐퍼는 삶의 전 영역에 직면한 모든 문제는 하나님을 만나는 접촉점이 된다는 복음 전도의 새로운 문을 열며 그때까지 대세였던 반틸의 변증법 이론을 무너뜨렸다.

필자 역시 대학교수 시절 쉐퍼 박사의 제자인 엘리스 포터를 만나 영성의 지적 체계를 구축하고 라브리 운동을 했다. 오늘날 젊은이를 비롯한 현대인들의 고민은 정직한 질문을 던지고 토론할 수 없는 교회 분위기, 영적 진리에 대한 합리적 설명이 가능한 사역자가 없다는 현실이다.

두 번째로 방문한 곳은 레만호숫가에 있는 로잔의 예수전도단(YWAM) 국제 본부였다. 여기서 마커스 스티븐 총재와 만나 빌리온 소울 하비스트(BSH)와 마지막 대추수의 절박성에 대해 공감적 대화를 나눴다. 더 큰 기쁨은 이곳에 YWAM을 세웠던 설립자 로렌 커닝햄 목사가 거주했던 사택을 방문한 것이었다. 그는 어떻게 전 세계 200여개국 3만명이 넘는 젊은이들을 전임 사역자로 두고 전 세계 수십만의 청년들을 복음 전도에 헌신시킬 수 있었는가. 그가 내건 모토는 '하나님을 체험으로 아는 것'이었다. 그는 예수제자훈련학교(DTS)와 열방대학이라는 시스템을 통해 청년들이 하나님을 깊이 만나 선교에 헌신하는 플랫폼을 완성했다.

그리고 그 플랫폼을 승법(乘法) 번식(딤후 2:2) 시켜 세계를 뒤흔들었다. 젊은이들은 단순히 이론에 그치는 신앙이 아니라 전 인격적으로 체험된 신앙을 갈망하고 있다는 사실을 입증한 것이다. 그리고 진정성 있는 비전에는 언제든 헌신할 준비가 돼 있다는 것을 아울러 증명한 것이다.

세 번째로 방문한 곳은 프랑스 마콩 지역 테제 공동체였다. 이곳은 개신교와 가톨릭, 심지어 정교회와 비신자까지 누구나 올 수 있는 열린 기도의 공간이다. 개신교도였던 로제 형제가 가톨릭의 영성을 받아들여 설립한 이 평화 공동체는 진리를 찾는 젊은이들이 전 세계에서 몰려오는 곳으로 유명하다. 오직 주님 앞에 단독자로 서서 단순성을 회복하는 곳이다.

한 주님 앞에 예배하며 민족과 나라와 언어를 초월해 주님의 임재 가운데 연대성을 경험하는 것이다. 화해의 공동체이자 우정의 공동체인 이곳에서는 대천덕 신부가 설립한 한국의 예수원처럼 모두가 일하는 노동의 기쁨을 누린다.

로제는 평생 단순한 기도와 사랑의 실천을 삶으로 가르쳤다(Pray it and Do it). 인류의 모든 문제는 기도하지 않는 데서 생기고 세상의 악에 대해서는 선을 행함으로 극복할 수 있다는 가르침이다. 어두움이 물러가라고 소리치지 말고 한 자루의 촛불이 되라는 것이다. 그는 자신은 지도자가 아니라 경청하는 사람이라고 했다. 전 세계 젊은이들을 감동하게 한 것은 그가 삶으로 보여준 믿음과 삶의 일치였다.

이성 넘어 '사랑의 진리' 향한
유럽 인문학의 역사를 걷다

지난 1월 4박 5일의 일정 중 네 번째 방문한 곳은 스위스 바젤대학에 있는 정신의학자 칼 융의 연구소였다. 칼 융은 프로이트의 제자였지만 전혀 다른 길을 걸었다. 프로이트가 정신분석학과 환원론적 접근을 통해 인간을 생물학적 존재로 격하시킨 것에 대해 칼 융은 분석심리학을 통해 인간을 소중한 존재로 회복시켰다. 요한복음 9장에서 제자들은 '나면서부터 시각장애인 된 사람이 누구의 죄 때문인가'를 묻는다. 이때 예수님은 '이 사람이나 그 부모의 죄로 인한 것이 아니라 그에게서 하나님이 하시는 일을 나타내고자 하심이라'고 답변한다. 이 답변처럼 칼 융은 프로이트의 과거지향적 접근의 정신의학을 미래지향적 접근으로 변모시켰다. 특히 꿈의 해석에 있어서 프로이트는 '억압된 감정의 표현'으로 정의했지만 칼 융은 새로운 의미와 방향이라고 해석함으로 파란을 일으켰다.

사실 현대인들은 정신적 고통의 의미를 찾고 싶어한다. 젊은이들은 말할 나위 없다. 과거지향적 해석의 결정적인 문제는 인간을 '운명론' 즉 절망의 감옥에 가둔다는 것이다. 모든 고통의 문제를 하나님의 섭리로 풀어가는 진정한 내적 치유가 필요한 것이다. 젊은이들은 자신의 내적 고통에 대한 바른 해석에 목말라 있다.

둘째 날 아침 칼 융 연구소를 떠나면서 그의 생애를 떠올렸다. '나의 생애는 무의식의 자기실현 역사이자 내적 성숙의 표현'이라는 유명한 말을 남긴 그는 개인을 넘어 '집단 무의식'을 정확하게 정의한 인물이다. 그것은 인간의 뿌리 깊은 죄업과 본성에 대한 유일한 심리학적 설명이다. 그의 묘비에 적힌 '부르든 부르지 않든 하나님은 존재한다'는 신앙고백은 평소 하나님을 믿느냐는 질문에 '나는 그분을 믿는 게 아니라 그분을 압니다'라는 답변과 더불어 유명하다.

개혁파 목사의 아들로 태어난 칼 융이 결국 오직 성으로만 인간 정신을 해명하는 프로이트와 결별하고 인간의 정신적 측면과 영적 측면을 파헤치며 오랜 세월 동안 고통스럽게 진리를 찾아 나선 그가 최종적으로 하나님과 인격적으로 만났을 것이란 추측이 가능해진다. 마치 말년에 '이교도에서 기독교인으로'라는 저서를 남긴 하버드대 출신 중국 석학 린위탕(林語堂)이나, '죽음은 끝이 아니라 5월에 핀 장미처럼 가장 아름답고 찬란한 대라인 강이 흐르는 스위스 바젤의 전경으로 종교개혁자 츠빙글리의 도시이자 정신의학자 칼 융, 신학자 칼 바르트를 배출했다.

2부   145

낮'이라는 신앙고백을 하고 영면한 이어령 박사가 모든 사상을 탐구하고 최종적으로 살아계신 하나님을 만났듯이 말이다. 바젤대학의 유명한 신학자로는 칼 바르트가 있다. 그는 자유주의 신학을 무너뜨린 영적 거장이다.

다섯 번째 방문한 곳은 독일의 하이델베르크대학이었다. 영화 '황태자의 첫사랑'의 배경으로 유명한 이 대학은 독일 최고의 대학이면서 세계에서 가장 낭만적인 장소이며 630여년의 역사를 가진 대학이다. 하이델베르크 성(城)으로 유명하지만 '철학자의 거리'로 더 유명하다. 대표적 철학자는 헤겔과 쇼펜하우어이다. 이들은 우연히 같은 시대에 철학을 강의한 라이벌 교수였는데 당시에는 헤겔이 압도적인 인기를 누렸다. 헤겔은 정반합(正反合)의 변증법으로도 유명하지만 '세계정신'을 설파하며 역사를 '이성의 자기실현 과정'이라고 해석했다. 이러한 이론은 진보파 학생들의 열광적인 지지를 받아 최고의 인기를 누렸다.

반면 역사를 '맹목적인 의지', 즉 '욕망의 충돌'로 해석한 쇼펜하우어는 거의 수강생이 없었다고 한다. 그러나 1,2차 세계대전을 통해 잔악한 인간의 죄성에 대한 통렬한 반성의 분위기에서 전후 유럽에서 쇼펜하우어의 인기는 상한가를 쳤다. 나중에 베를린대학의 교수로 자리 잡은 헤겔은 상대주의를 통해 절대 개념을 부정한 최초의 철학자가 됐고, 역사의 주관자이신 하나님의 자리에 타락한 인간 이성을 올려놓았다. 사실상 무신론 사상의 뿌리는 헤겔인 셈이다. 역사는 이성의 자기실현 과정도 아니고 맹목적 의지의 결과도 아닌 십자가를 통한 절대 사랑의 구현이다.

셋째 날 방문지는 프랑크푸르트였지만 이 지역 한인교회인 한마음교회에서 설교하느라 아쉽게도 프랑크푸르트대학을 방문하지 못하고 체코 국경의 헤르후트로 향했다. 프랑크푸르트대학은 '나와 너'라는 책으로 유명한 관계의 철학자 마르틴 부버를 배출한 대학이다. 그는 모든 관계를 목적과 수단으로 삼는 '나-그것'과 상대를 인격적 대상으로 보는 '나-너'의 관계로 구분하며 폭발적인 인기를 누렸다. 유대인인 그는 개신교인과 결혼해 신약성경을 깊이 연구하고 평생 자기 방에 예수상을 걸어 놓았다고 한다. 마르틴 부버와 같은 유대인으로 절친이었던 에마뉘엘 레비나스는 '얼굴의 철학'으로 유명한 프랑스 철학자이다. 히틀러의 나치 독일에 온 가족이 몰살당하는 한계 상황을 겪었던 레비나스는 '인간은 타인 지향적 존재'라는 '타자성'을 외치며 자아의 한계에서 벗어나지 못하는 철학자들의 놀이터에 폭탄을 던진 신예 철학자였다.

그는 '타자의 얼굴은 곧 하나님의 얼굴이며 나의 얼굴'이라는 유명한 이야기를 했다. 플라톤 이후 근대철학에는 오직 나만 있을 뿐 너는 없었다. 하나님은 두 철학자를 사용하셔서 철학을 회복시킨 것이다. 두 분 모두 성경의 절대 명제인 '하나님 사랑, 이웃 사랑'을 인간 존재의 본질로 재조명했다.

복음에 진심이었던 모라비안 공동체…
눈보라에도 따스함이

하나님이 창조하신 우주를 생각하면 인간은 감탄하지 않을 수 없다. 우리는 한도 끝도 없이 무한하게 펼쳐진 우주를 바라보면서 은하수를 세어보지만 부질없는 일이라는 것을 금방 고백할 수밖에 없다. 수없이 많은 은하와 그 안에 있는 별들이 얼마나 질서 정연하게 움직이고 있는지를, 우리는 그저 감격에 빠져 바라볼 수밖에 없다. 정말 전능하신 하나님이 하시지 않으면 불가능하다는 것을 고백하지 않을 수 없다. 우리는 분명 하나님 존재와 그분의 영원하신 능력과 신성을 부정하거나 부인할 수 없다.

지난 1월 4박 5일의 일정 중 일곱 번째 방문한 곳은 독일의 헤른후트 모라비안 공동체였다. 얼마나 와보고 싶었는지 모른다. 그날따라 한겨울 눈 폭풍이 몰려왔다. 하지만 마을에 들어서는 순간 따스하고 포근한 바람이 불어오는 것 같았다. 삭막한 땅에서 오아시스를 만난 것처럼 말이다. 여기가 바로 종교 권력의 무차별한 핍박을 피해 신앙의 자유를 찾아 왔던 체코의 모라비안들을 자신의 성채에 숨겨 주고 지켜준 진젠도르프 백작의 관용과 헌신이 빛났던 곳이다. 이토록 작은 공동체에서 200년간 3000여명의 선교사를 전 세계 오지에 파송했다는 사실이 믿기지 않는다.

'복음을 전하다 죽으라 그리고 잊혀져라'는 모토를 가진 그들은 현실에 안주하지 않고 당시 아무도 도전하지 않았던 발트해 그린란드 러시아 서인도제도 등 복음의 척박한 땅으로 흩어졌다. 심지어 그들 선교사는 자원해서 신대륙의 노예로 팔려가 목화밭에서 일하던 수만 명의 동료 노예들에게 복음을 전하기도 했다. 그들은 모두 전문 직업을 가진 자비량 비즈니스 선교사였다. 사실상 비즈니스의 탁월성을 통해 복음을 전하고 비즈니스 자체를 하나님 나라의 연장으로 간주했던 '비즈니스 애즈 미션'(Business As Mission)의 모델이기도 했다. 더욱이 당시 세계 선교를 위해 하루 24시간 7일간 쉬지 않고 연속적으로 진행했던 릴레이 기도(24/7) 운동이 지금까지 계속되고 있다는 것은 정말 경이로운 일이다.

여덟째로 방문한 곳은 라이프치히대학이었다. 라이프치히는 독일 통일의 도화선이 된 촛불집회로 유명한 성 니콜라이교회가 있는 도시이다. 라이프치히대는 니체와 괴테, 바그너와 슈만을 배출한 유명 대학이지만, 현대 물리학의 새로운 얼굴인 양자역학

독일 헤른후트 공동체 전경으로 오른쪽 건물은 박해 받던 체코 모라비안들을 자신의 공간에 숨겨 두고 지켜준 진젠도르프 백작의 성채.

의 아버지 베르너 하이젠베르크를 탄생시킨 대학이기도 하다.

하이젠베르크는 고전물리학을 정립한 뉴턴에 맞먹는 양자물리학의 거장이다. 그는 '뉴턴의 사과'에 버금가는 '헬골란트의 빛'이라는 발견을 통해 거시 세계를 관장하는 논리적 고전역학의 한계를 미시 세계를 관장하는 초월적 양자역학으로 극복하며 완벽한 하나님의 창조 세계를 증명해냈다.

그는 또 과학적 논리라는 공식을 깨고 자연 속에서 초 논리의 세계, 즉 영적 세계의 질서를 발견하며 모든 성경적 진리를 설명 가능케 한 놀라운 과학자였다. 양자역학은 하나님의 초월성과 관계성, 인격성을 과학으로 증명한다.

그는 양자역학을 통해 로마서 1장 20절의 진리를 입증했으며 '자연과학이라는 첫 잔은 사람을 무신론자로 만들지만 그 잔 밑바닥에는 하나님이 기다리고 계신다'는 유명한 말을 남겼다. 사실 하이젠베르크는 덴마크 코펜하겐대학 출신이다. 그리고 키르케고르도 코펜하겐대 출신이다. 두 사람은 과학과 신학의 영역에서 무신론과의 치열한 전투를 승리로 이끈 공로자들이다.

아홉 번째로 방문한 곳은 할레대학이었다. 지금은 종교개혁의 본산인 비텐베르크 대학과 합병해 할레대라는 이름으로 개명되었지만 최초의 대학 선교 공동체라는 그 역사의 발자취는 그대로 남아있다.

이 대학은 진젠도르프와 조지 뮬러를 배출한 학교이기도 하다. 대학 설립자는 독일 경건주의 운동의 대부인 필립 야콥 스페너와 아우구스트 헤르만 프랑케이다. 종교개혁 이후 유럽은 30년 전쟁 등 엄청난 후유증으로 많은 지성인이 하나님을 떠나고 성도들은 무기력해지고 무미건조한 삶에 찌들어 있었다. 이때 스페너라는 인물이 혜성같이 나타나 중생과 영적 체험을 강조하며 경건주의 운동을 일으켰다. 그리고 소그룹 중심의 예배와 토론, 도덕성과 경건, 성경공부와 만인사역자론을 강조하며 사실상 가정교회 운동의 효시가 되었다.

이후 할레대 교수로 30년 동안 봉직한 프랑케가 이 흐름을 발전시켜 할레대를 경건주의 운동 및 전도와 선교의 중심지로 변모시켰다. 그는 중생에 의한 급진적 변화를 강조했고 동양 언어와 성경 번역을 주도하며 세계 선교를 준비했다. 그리고 마침내 현대 개신교 선교의 아버지로 불리는 영국의 윌리엄 케리보다 100여년 앞선 1705년 자신의 제자를 인도에 파송했다.

이후 할레대에서 60명의 선교사를 파송하면서 대학 선교의 효시가 됐다. 그는 또 고아원과 대안학교를 설립해 오직 기도로 재정을 해결하는 믿음 선교(faith mission) 원리를 실천했다. 기도의 사람 조지 뮬러는 학창 시절 여기에 영향을 받았다.

영성을 깨운 존 웨슬리·CS 루이스…
그 길에서 미래를 보다

지난 1월 4박 5일 일정 중 마지막은 독일 베를린에서 시작했다. 한국인에게 가장 감동이 되는 독일 통일의 상징인 브란덴부르크 문을 뒤로하고 훔볼트 베를린대학으로 향했다. 열 번째 탐방지였다. 역시 최고 볼거리는 대학 본관에 있는 마르크스 테제였다. 이 대학 출신의 철학자 카를 마르크스의 글이었다. '철학자들은 세계를 다양하게 해석해 왔을 뿐이다. 중요한 것은 세계를 변화시키는 것이다.' 문제는 마르크스와 그 추종자들은 세상을 개선하지 않고 개악시켰다는 것이다.

하이델베르크를 떠나 베를린에 정착한 헤겔이 마르크스에게 준 영향은 대단한 것이었다. 필자가 이 대학에서 발견한 무신론의 고리는 헤겔-마르크스-프로이트-다윈이었다. 한국의 대표적 진화론자인 최재천 교수가 말한 세계를 변화시킨 인물 3인방

(마르크스 프로이트 다윈)은 헤겔 철학의 뿌리라는 공통점이 있다.

하나님 나라의 관점에서 볼 때 그들은 시대의 영웅이 아니라 시대의 괴물이었다. 이 대학은 또한 천재과학자 아인슈타인을 배출했고 히틀러 치하에서 순교한 신앙 양심의 모델 디트리히 본회퍼의 모교이기도 하다. 아인슈타인은 '진정한 믿음은 모든 것을 가능케 한다'는 명언을 남기며 유신론 과학자의 면모를 과시했다. 사실 그는 뉴턴 물리학의 완성자이면서 동시에 '빛이 파장이면서 입자'임을 입증해 양자 물리학의 문을 연 일등 공신이기도 하다.

열한 번째 도착한 곳은 영국 브리스톨 조지 뮬러의 보육원이었다. 뮬러는 환경과 상황을 초월해 5만 번의 기도 응답을 받은 기도 용사로 유명하다. 그리고 오직 주님의 공급만을 바라보는 믿음 선교의 꽃을 피운 사람이다. 그는 평생 10만명의 고아들을 키우며 그들의 아버지가 돼 주었다.

더 중요한 것은 고아를 섬기는 것 이상으로 그가 성령 안에서 찬란한 기도의 공동체를 빚어냈다는 점이다. 뮬러는 고아들로 구성된 중보기도센터를 운영했다. 더 놀라운 것은 그가 기도를 통해 하나님의 사람들을 연결하고 세계를 변화시킨 영적 경세가(經世家)였다는 사실이다. 조지 뮬러의 공동체 기도운동은

영국 옥스퍼드대학에 있는 CS 루이스의 생가를 찾아 영성과 지성을 결합시킨
탁월한 사상가였던 루이스를 회고하며.

동시대 아일랜드 인도 호주 남아프리카공화국 부흥과 깊은 연관이 있다.

그는 보육원의 경영시스템을 구축한 다음 70세부터 순회 선교사로서 제2의 인생을 살았다. 이후 17년간 전 세계 42개국을 다니며 300만명에게 복음을 전하고 말씀을 선포했다. 그는 엄청난 영향력을 끼친 사람이다. 그의 사역은 영국뿐 아니라 전 세계 선교사들과 사역자들에게 큰 충격을 주었다. 뮬러는 미국 3차 부흥 운동의 주역인 드와이트 무디와 중국 선교사 허드슨 테일러에게 영향을 끼쳤다. 그 외에도 수많은 선교사를 물심양면으로 지원하고 평생 중보기도로 그들을 섬겼다.

열두 번째로 찾아간 곳은 옥스퍼드대학이었다. 세계적 기독교 변증가인 CS 루이스 교수가 오래 머문 생가를 찾았다. 그는 평생 옥스퍼드대와 케임브리지대 교수로 살았다. 만약 루이스가 아니었다면 얼마나 많은 지성인이 영성과 지성의 만남을 갖지 못하고 하나님을 떠났을까.

그의 철학적 사유 덕분에 나 자신도 청년 시절 갈등 없는 믿음을 소유하게 되었다. 그가 제시한 '삼자택일 논리'(예수님의 신분에 대해 사기꾼 정신병자 하나님 중 하나를 선택해야 한다)는 명쾌하기까지 하다. 그는 또 자신을 전도한 JRR 톨킨과 더불어 판타지 문학의 원조였다. 톨킨의 '반지의 제왕'과 루이스의

'나니아 연대기'는 사실상 성경 이야기이며 어린이 전도의 중요한 접촉점이다.

인류 역사에서 최대 거짓말은 무신론과 진화론이다. 그 핵심엔 헤겔과 다윈이 있다. 헤겔의 상대주의와 변증법은 동시대 다윈과 마르크스에게 절대적 영향을 끼쳤고 후대의 니체 프로이트 러셀에게 이르기까지 지대한 영향을 미쳤다. 헤겔이 이성의 절대성을 주장하며 하나님 위치에 이성을 갖다 놓지만 않았어도 다윈 마르크스 프로이트 같은 인물은 등장하지 않았을 것이다.

다윈의 진화론은 지금 과학의 수준으로 보면 억지에 가깝다. 다윈이 프로이트와 같은 빈 대학 출신 생물학자 멘델을 만났더라면 진화론을 주장하지 못했을 것이다. 다윈의 적자생존이나 자연도태설은 멘델의 유전법칙에 따라 과학적으로 완전히 부정되었기 때문이다.

다행인 것은 옥스퍼드가 세계적 전도자 존 웨슬리와 정치가 윌리엄 윌버포스를 배출한 대학이라는 것이다. 웨슬리는 영적 대각성을 일으켜 영국을 총체적으로 변화시켰다. 그는 '세계는 나의 교구'라 외치며 영혼 구원에 헌신했다. 영국의 명예혁명은 영적 대각성의 열매인 셈이다.

윌리엄 윌버포스는 클라팜 공동체를 통해 44년간 목숨 건캠페인과 의회 투쟁을 통해 당시 국가 수입 3분의 1을 차지했던 노예무역을 철폐시켰다. 윌버포스는 정치 영역을 변화시킨 본보기이자 젊은이들의 희망이다.

옥스퍼드를 끝으로 복음전도의 솔루션, 그 실마리를 찾는 짧은 탐구 일정을 마무리한다. 진정성에 목말라 있는 수많은 지구촌 젊은이를 구원하기 위한 대장정은 이제부터 시작이다.

핍박 받는 지역에 집중하라…
새로운 상황에 맞는 복음화 전략 절실

상황이 변하면 로드맵도 달라져야 한다. 지난 22일부터 3박 4일간 네덜란드 암스테르담에서 열린 '언약 2033 실행을 위한 임파워드(Empowered) 21 대회'를 통해 얻은 결론이다. 지구촌의 급격한 상황 변화에 따른 지역 복음화 및 세계 복음화 운동의 새로운 전략 수립이 매우 시급하다는 것이다. 최근 미국 고든콘웰신학교의 국제기독교연구소가 발표한 자료에 의하면 최근 1년간 세계적으로 4500만명의 크리스천이 증가했다. 이는 코로나19 이후 성도들의 급격한 탈교회화 현상, 제도적 종교와 기존 교단의 해체, 독립교회화 현상, 신앙의 개인화·개별화 추구 과정을 고려할 때 경이로운 일이다.

팬데믹 이후 복음이 편만한 상황에서 미전도종족 선교나 성경 번역도 이제 큰 의미가 없다. 이는 유튜브와 인스타그램, 페이스북, 틱 톡 등 사회관계망서비스(SNS)의 공로가 크다고 할 수 있다.

세계 복음화에 영향을 주는 변수는 90가지가 넘는다. 디지털화는 물론 최근 전 지구적으로 8억의 이주민과 난민이 생기고 해외여행의 보편화로 초연결성과 초이동성, 양방향성 선교, 다중심적 접근 등의 현상이 두드러지고 있다. 여기에 18세기 후반에서 시작된 '떠나고 파송하는'(Go & Send) 선교 방식이 21세기에는 '오고 받는'(Come & Receive) 방식을 병행하는 등 '복잡성' 구조로 바뀌지고 있다.

또 빌리온 소울 하비스트(BSH) 본부의 현대복음연구소에서 파악한 변수 중 중요한 것만 해도 37가지나 된다. 더욱이 팬데믹 이후 충격과 뉴노멀 상황까지 고려하면 모든 것이 복합 변수가 된다. 특히 팬데믹에 타격을 받은 미국 인도 이란 브라질 등 지역에서의 새로운 부흥은 예기치 못한 변수이다.

최근엔 인구학적 변화가 두드러지면서 기독교인 통계도 많은 변화가 생겼다. 전 세계 그리스도인은 대개 4가지 부류로 나눈다. 첫째는 로마가톨릭교회와 정교회에 속한 그리스도인이다. 둘째는 명목상 그리스도인이다. 셋째는 이단을 포함한 유사 그리스도인인데 여기에는 혼합주의와 자유주의도 포함된다. 넷째는 성경 말씀에 근거한 거듭난 그리스도인이다.

네 부류를 모두 합한 전 세계 그리스도인은 대략 26억5000 억명으로 이중 순수하게 거듭난 그리스도인은 10억명 정도로 추산할 수 있다. 거듭난 그리스도인을 대륙별로 보면 미국 8000만, 유럽과 호주 및 캐나다 2000만으로 선진 기독교권에 1억, 중남미에 1억5000만(브라질 6000만), 아시아에 3억5000(인도 1억 2000만, 중국 1억, 인도네시아 5000만), 아프리카에 4억(나이지리아 7000만, 케냐 3000만, 에티오피아 3000만)으로 후발 기독교권에 9억명이 분포하고 있는 것으로 보는 게 자연스럽다.

이 통계에서도 팬데믹 이후 기존 그리스도인이 명목상 그리스도인으로 바뀐 경우가 많고 이슬람권이나 힌두권에서 내부자 운동의 일환으로 비밀 신자들이 엄청나게 증가하고 있어 큰 오차가 있을 수 있다. 코로나 이후 중요한 변화 중 하나는 제도종교의 몰락이다. 전반적으로 힌두교와 이슬람교의 몰락이 두드러진다. 현재 미증유의 개종이 일어나는 이른바 '대추수' 지역이 공교롭게도 힌두권과 이슬람권이라는 것은 결코 우연이 아니다. 물론 기독교도 상당수 대형교회가 50%로 줄어드는 등 제도적 교회 역시 꾸준하게 감소 추세를 보인다. 반면에 핍박이 일어나는 지역과 삶의 고통이 지속하는 가난한 지역에서는 놀라운 기독교의 부흥이 계속되고 있다. 신중산층이 증가한 인도 인도네시아 브라질 케냐 등에서의 교회 성장도 괄목할 만하다.

선교의 영역에서도 미국에 이어 한국 브라질 인도 나이지

황성주 회장을 비롯한 '언약 2033 실행을 위한 임파워드 21 대회' 참가자들이 네덜란드 암스테르담에서 토론하고 있다.

리아 필리핀 인도네시아가 각각 수만 명의 선교사를 파송함으로 선교 강국으로서의 면모를 보인다. 선교사 통계도 이제는 큰 의미가 없다. 인도의 경우 자국 내 다른 문화권에 파송한 선교사는 무려 수십만명에 이른다. 한국의 경우 전 세계에 파송된 선교사를 2~3만명으로 파악하지만, 이는 한국세계선교협의회(KWMA)에 소속된 교단과 선교단체에서 파송된 선교사에 국한되고 개교회와 노회, 기타 선교단체에서 파송된 선교사와 복귀한 선교사를 합하면 한국교회에서 보낸 선교사의 총 파송 수는 5만명에 육박한다. 게다가 초이동성과 초연결성을 선교에 접목한 모바일 선교 시대를 맞아 단기선교의 경험을 가진 200만명의 성도와 청년들을 잘 활용하는 것도 중요한 일이다

세상의 모든 교회의 상황과 전도 및 선교 현황을 파악하고 지역별, 영역별 복음 수용도를 고려할 때 앞으로 10억 영혼 구원을 위한 세계 복음화 전략은 다음 몇 가지에 집중하면 좋겠다.

첫째는 추수 지역에 집중하는 전략이다. 이제는 불을 지필 시간이 없다. 불이 붙는 지역에 기름을 부어야 하는 상황이다.

둘째 명목상의 그리스도인이 많은 지역보다 핍박받는 지역에 집중하는 것이다.

셋째 복음 수용도가 가장 높은 어린이와 청소년 등 차세대에 집중해야 한다.

넷째 선교적 비전에 헌신하는 역동적 교회들을 통해 잠자는 교회들을 깨우고, 가능한 모든 성도를 복음 사역자로 동원해

야 한다. 지혜로운 청지기에게 변화는 무한한 기회가 될 수 있다. 상황을 반전시키는 복음 전도와 선교의 부흥이 세계를 휩쓸도록 기도하자.

통곡의 땅 튀르키예에
그리스도의 계절은 올까

 이번 튀르키예 지진은 예사롭지 않다. 사망자와 실종자가 엄청난 데다 두 차례의 독립된 강진이 연속적으로 일어난 것부터가 지질학적으로 전례 없는 일이다. 코로나19 팬데믹에 우크라이나 전쟁, 세계적 경기 침체와 인플레이션에 이은 네 번째 격변이다. 순차로 닥치는 재앙이라기보다 꼬리에 꼬리를 물고 동시다발적으로 일어나는 사태라는 것이 특이하다. 영국 BBC방송이 이번 지진 이후 참상을 '아마겟돈 전쟁' 같다고 표현한 것 자체가 묵시록적이다. 시리아 지역 이재민들이 '세상의 종말'이라고 외친 것도 예사롭지 않다. 더욱이 강추위에 전염병 창궐 위험, 특히 지진으로 인한 보급의 어려움으로 식량과 물의 공급이 제 때에 이루어지지 않는다면 100만여명에 달하는 이재민의 생존이 매우 위태로울 수 있어 2차 참사라는 더 큰 비극까지 예고하고 있다.

중동과 북아프리카는 7억명에 가까운 인구를 가진 이슬람 제국이다. 여기에 크리스천은 2~3% 정도 거주하는 것으로 알려졌지만 최근 조용히 일어난 부흥의 역사로 실제는 10%에 달한다. 중동에서 국토 면적이 넓고 인구가 많은 3개국은 이집트, 이란, 튀르키예이다. 이집트에는 비교적 성경적인 1000만 콥트정교회 성도들이 있고 개신교인도 100만명을 넘어섰다. 아랍권에 복음을 전하는 전도자들은 대부분 이집트 출신들이다. 이란에서 최근 일어난 부흥은 상상을 초월한다. 여러 자료 등을 종합해보면 지하 교회 성도는 대략 700만명에 달한다. 최근 이란 종교 조사에서 시아파 무슬림을 고수하는 국민은 30%에 불과하다는 통계는 이미 이란이 무슬림 국가가 아니라는 것을 방증한다.

그런데 종교 자유가 있는 튀르키예는 지난 수십 년간 수천 명의 선교사가 복음을 전했는데도 현지인 성도는 전체 인구의 0.1%에 불과하다. 튀르키예를 갈 때마다 '아무리 태워도 타지 않는 장작처럼' 복음의 수용도에 큰 어려움이 있었다. 그래서 이번 튀르키예를 뒤흔든 충격적 지진 참사 소식을 접하면서 이 처절한 상황을 놓고 긍휼의 하나님께 기도할 수밖에 없었다. 하지만 한 가지 버릴 수 없었던 희망은 이 고통과 절망의 땅, 복음의 불모지에 그리스도의 계절이 오는 것이었다.

한 나라에 영적 부흥이 일어나고 그 열매로 그리스도의 계절이 오려면 복음의 생태계가 조성돼야 하고 나름대로 타당성(Plausibility)이 있어야 한다. 1970년대 대한민국의 경험은 물론 최근 일어난 인도 아프리카 브라질 인도네시아의 부흥은 경제발전에 따른 가계 소득증대와 중산층의 획기적인 증가에 있다. 전 세계의 경기 침체에도 불구하고 인도는 2022년 경제성장률이 8%를 웃돌며 초고속 경제 성장 국가가 됐다. 이는 인도에서 일어난 영적 대부흥, 획기적인 크리스천 증가와 밀접한 관계가 있다. 최근 추산된 인도의 기독교인 수는 최소한으로 잡아 1억명(7%)이고 일반적 추산으로는 1억5000만명(11%)에 달한다. 내부자 운동까지 포함해 최고 2억명으로 보는 견해도 나온다.

최근 인도를 방문하면서 전체 국민의 분위기가 매우 밝아졌다는 느낌을 받았다. 이는 인도네시아와 브라질, 아프리카 등 부흥의 현장에서 동일하게 느끼는 감정이다. 상황이 이런 데도 해당 정부의 공식 통계는 다소 억지스럽다. 인도 정부는 크리스천 비율을 3% 이하로, 인도네시아 정부는 실제 6000만명인 데도 그 절반인 3000만명으로 하향 조정해 발표하고 있다. 가톨릭 국가로 알려진 브라질의 경우도 현재 7000만명에 달하는 개신교인 수를 인정하지 않고 있다. 역시 개신교의 놀라운 부흥이 일어나고 있는 대다수 중남미 국가 역시 마찬가지 태도를 보이고 있다.

사하라 이남 아프리카도 이제는 옛날의 가난한 아프리카가 아니다. 아직도 빈부 차이가 심하기는 하지면 나라마다 자동차가

2부 169

튀르키예 남동부 하타이 지역 지진 피해로 다수의 건물이 무너지고 주민들이 사망한 가운데 두 남성이 실종된 가족의 귀환을 기다리고 있다.

홍수를 이루는 상황을 고려하면 중산층의 증가 속도는 상상을 초월한다. 14억3000만명의 인도, 16억명의 아프리카, 2억8000만명의 인도네시아, 2억2000만명의 브라질에서 일어나는 영적 부흥은 이들에게 막스 베버의 논리처럼 성경만이 부의 합리적 설명이 가능한 윤리관과 세계관을 제공해 준다는 측면에서 중산층 증대와 깊은 상관관계가 있다. 이것이 타당성의 논리이다.

또 하나의 가능한 논리는 고통과 핍박이 일으키는 영적 부흥이다. 중국의 부흥은 공산 통치에 따른 순교와 핍박의 열매이다. 이는 지금 북한 내부에서 일어나는 조용한 부흥에 대한 유일한 설명이기도 하다. 이란의 부흥은 이슬람 신정 통치의 절망감에서 나온 열매이다. 인도와 나이지리아의 부흥 역시 핍박과 순교의 열매이다. 아프리카의 부흥은 오랜 내전으로 인한 고통의 열매이다. 중남미와 필리핀 부흥은 메마른 로마가톨릭에 대한 반작용이다. 물론 이렇게 단순화시킬 수 없는 복잡한 요인들이 존재하지만 크게 보면 부흥의 타당성을 잘 보여준다.

여기서 필자는 조심스럽게 8500만명인구를 가진 튀르키예의 부흥을 예견하고 싶다. 이미 튀르키예에는 수많은 중산층이 존재하고 부에 대한 열망이 흘러넘친다. 여기에 이슬람의 율법적 접근은 이미 빛을 잃었고 많은 젊은이는 참된 진리에 목말라 하고 있다. 물론 이슬람 부흥을 정치적 깃발로 내세운 에르도안 대통령의 철권통치에 대한 반감도 만만치 않다. 이는 튀르키예에

갈 때마다 복음에 대한 수용성이 높아지는 변화에서 확인할 수 있다. 이 상황에서 터진 대참사는 이슬람 신앙을 계속 고수하는 튀르키예 내의 무슬림의 의식 변화에 지각변동을 일으킬 수 있다.

합리적 세계관의 공백과 자연재해의 고통에 따른 정신적 압박과 중첩되는 이 시점이야말로 선교의 측면에서 복음의 황금기가 될 수 있다. 튀르키예의 무너진 들판에 영적 부흥을 통해 그리스도의 계절이 오게 하는 절호의 기회이다. 지금이야말로 크리스천들이 진정성을 가지고 이들을 섬겨야 한다. 예수 그리스도의 십자가에 나타난 하나님의 조건 없는 사랑을 보여줄 때다. 더욱이 튀르키예는 한국 전쟁 때 대한민국을 위기에서 건져준 참전국으로 혈맹의 형제 나라이기도 하다. 이런 이유로 모든 교회와 온 성도가 선한 사마리아인처럼 튀르키예 돕기에 적극적으로 나설 것을 호소하고 싶다. 크리스천 형제들로 구성된 국제사랑의 봉사단 긴급구호팀을 파송하며 안타까움과 희망이 반쯤 섞인 마음을 이렇게 적어본다.

'통곡의 땅'에 심은 복음의 씨앗…
쑥쑥 자라도록 기도는 계속된다

통곡의 땅 튀르키예에도 봄이 왔다. 언제 지진으로 인한 대참사가 있던 땅인지 의심할 정도로 찬란한 연두색 봄의 향취가 충만하다. 지난 23일(현지시간) 이스탄불 앞 뷔위카다 섬에서 감사의 기도를 드리며 잠식 묵상에 잠겨본다.

'왕자의 섬'으로 불리는 이 섬은 유서 깊은 프린키포 그리스정교회가 있는 관광지로 오늘은 라마다 금식이 끝난 축제에다 어린이날이 겹쳐 수많은 사람이 몰려들고 있다. 국제사랑의봉사단 단원들은 현지 성도들과 함께 원하는 사람들에게 성경을 나누어 주는 성경 전도(Bible Evangelism)를 진행하며 모든 구호 사역을 마무리했다.

물론 무관심한 분들도 있었지만 많은 분이 성경을 받아가며 즐거워했다. 특히 젊은 층은 대부분 반감이 없이 진지한 태도로 성경을 받아가는 모습이 인상적이었다. 코로나19 팬데믹과 지진 참사 이후 일어난 조용한 변화가 아닐까 생각해 본다.

일반적으로 국가적 차원에서 복음의 수용도가 높아지는 경우는 극심한 압박감이 지속할 때이다. 문화혁명 당시 중국 부흥과 공산 치하의 쿠바 부흥, 그리고 지금 은밀하게 일어나는 북한의 부흥이 좋은 사례이다. 이란의 호메이니 치하에서 일어난 이란 부흥도 같은 맥락에서 이해할 수 있다.

그런 이유로 이란의 성도들은 이란 복음화의 주역은 호메이니였다고 고백한다. 무슬림과 그리스도인 간에 극단적 대립 상황에 있는 나이지리아 부흥이나 계속되는 이집트 교회의 부흥, 아프가니스탄의 지하교회, 그리고 시리아 난민 내부에서의 부흥도 동일한 압박감에서 비롯된다고 할 수 있다.

그러나 최근 중산층이 급증하고 있는 상황에서 목도하는 인도네시아와 인도 부흥은 그 성격이 다르다. 이 경우 70년대 일어난 한국교회의 부흥과 매우 유사하다. 이들은 종교적 규율과 가난의 압박에서 벗어나 자유와 풍요를 추구하는 과정에서 변화된 생활양식에 합당한 세계관이 성경과 기독교에 있다는 것을 알게 된 것이다.

국제사랑의봉사단 긴급구호팀이 가지안 테프 룰다 지역에서 활동하는 모습.
사역하는 동안 열악한 환경과 계속된 여진으로 인한 두려움, 그럼에도 이 땅을
향해 그칠 줄 모르는 갈망을 가진 소중한 동역자들을 허락해주셔서 감사하다.

이들은 이제 새 시대에 맞는 새 옷을 갈망하고 있다. 훌쩍 커버린 사춘기 아이들에게 어린 시절의 옷이 맞지 않는 것과 같다. 지금까지 비교적 압박감이 적었던 튀르키예 사람들이 팬데믹과 지진뿐 아니라 최근 정치·경제적 압박과 젊은이를 비롯한 지식층의 세계관 변화 등 모든 상황이 합력하여 복음의 수용도가 높아지는 쪽으로 가도록 절실한 기도가 필요한 시점이다.

2월 초순부터 준비 과정을 포함해 1~3진을 지진 참사 현장에 파견해 활동한 70일 동안 진행되었던 국제사랑의봉사단 긴급구호 활동은 막을 내렸다. 하지만 그동안 심었던 사랑의 씨앗과 복음의 씨앗이 열매를 맺도록 계속 기도하며 물주고 김매는 작업은 계속하기로 했다.

공동으로 이 일을 주관해주신 국민일보를 비롯해 수많은 도움을 주신 모든 분께 감사드린다. 뜻하지 않은 재난을 만난 튀르키예를 위해 많은 분이 후원해 주신 것에 감사를 드린다. 가도 가도 끝없이 무너지고 훼파된 현장이 너무나 참담하고 마음 아팠지만 선한 이웃이 있는 한 절망을 희망으로 바꿀 수 있다는 것을 믿으며, 통곡의 땅에서 사랑의 행보를 이어갈 수 있었다.

사역하는 동안 열악한 환경과 계속된 여진으로 인한 두려움, 그럼에도 이 땅을 향해 그칠 줄 모르는 갈망을 가진 소중한 동역자들을 허락해주셔서 감사하다. 하나님의 깊은 섭리를 묵상하며 매일 아침 성경 묵상과 감사 나눔을 통해 하나님의 오래 참으심과 자비하심, 신실하심을 찬양하게 하셔서 감사하다.

이방 전도와 세계 선교가 시작된 곳. 말할 수 없는 학살과 박해가 있었던 이 땅 가운데 우리를 오늘의 사도 바울로 부르셔서 하나님의 사랑과 복음의 씨앗을 심게 하시고 튀르키예와 시리아에 그리스도의 계절이 다시 오기를 기도하게 하신 것에 머리를 숙이지 않을 수 없다.

하나님은 무슬림이 99% 이상인 이곳에서 최선을 다해 복음을 전하게 하셨다. 구호 물품을 나누면서 "예수님 믿으세요, 예수님이 구원자이십니다"라고 한국말로 이야기하고, 현지인과 인사하며 아이들을 안아줄 때마다 한국말로 소리 내어 기도하는 가운데, 한 영혼이라도 구원하기 원하시는 아버지의 마음을 알게 됐다.

우리 팀을 보면 무조건 달려와 품에 안기는 아이들, 어둠 속에서도 웃을 수 있고 노래할 수 있는 어린아이들이 아직도 눈에 선하다. 꼭 잡은 손을 놓지 않고 헤어지는 게 아쉬워 철조망 사이로 잡은 손을 놓아주지 않던 아이들이 눈에 밟힌다. 주님께서 남겨 놓으신 생명의 그루터기들이 무럭무럭 잘 성장하기를 간절히 기도할 뿐이다.

가는 곳마다 봉사단 단원들에게 다가와 자신의 휴대전화로 사진을 찍는 현지인들의 모습이 인상적이었다. 하루에도 수십 장의 사진에 포즈를 취하며 언젠가는 그들이 사진을 보며 그리스도의 향기를 느끼기를 바라는 마음으로 최선을 다해 밝은 모습으로 사진을 찍어주는 단원들의 헌신에도 박수를 보낸다.

국제사랑의봉사단은 귀국 길 이스탄불 공항에서 특별 라운지로 안내를 받았다. 각국 정부에서 온 구조팀과 같은 대우를 받은 유일한 민간단체로 어깨가 으쓱함을 느꼈다. 튀르키예 외교부 관계자는 이날 우리에게 배지(badge)와 선물을 전해주고 기념 촬영까지 했다. 봉사단의 빨간 조끼가 튀르키예의 봄을 앞당길 수 있었다고 감히 자부해본다.

중보자 기도로 이뤄낸 남아시아 부흥…
교회 넘어 전방위로 확산

서남아시아에서 하나님이 일으키신 경이로운 일을 되돌아본다. 지구촌 각 대륙과 나라에서 일어나는 영혼 구원의 역사가 계속되고 있다. 이는 순교자들의 피와 선교사들의 땀, 중보 기도자들의 눈물이 만들어낸 열매이다.

중국 가정교회와 나이지리아 교회, 이란 지하교회와 북한의 지하교회 부흥은 순교자들의 피의 산물이다. 인도교회와 인도네시아 교회, 중남미 교회, 아프리카 교회의 부흥은 선교사들이 흘린 땀의 산물이다. 한국교회와 미국 교회, 중동과 북아프리카 교회, 우크라이나 교회 부흥은 중보 기도자들이 뿌린 눈물의 산물이다. 물론 어느 지역이나 피와 땀과 눈물이 결합해 있기는 하다.

남아시아는 인도(14.3억) 파키스탄(2.4억) 방글라데시(1.7억) 아프가니스탄(0.4억) 네팔(0.3억) 스리랑카(0.2억)를 비롯해 소국인 부탄과 몰디브 등 8개국으로 이루어져 20억 인구가 살아가는 세계 최고 인구 밀집 지역이다. 세계 인구의 4분의 1이 사는 지역이며 세계 최대의 힌두 인구(10억), 세계 최대의 무슬림 인구(6억), 세계 최대의 미전도종족(3700개)이 사는 선교 최우선 목표 지역이다. 그리고 아프리카 대륙과 더불어 가장 많은 영혼이 돌아오고 있는 영혼 추수 지역이기도 하다.

지난달 11일부터 15일까지 인도 하이드라바드에서 열린 '남아시아 빌리온 소울 하비스트(Billion Soul Harvest·BSH) & 변혁 대회'에서 오나시스 제바라지 목사(Go 전도운동 남아시아 대표)는 남아시아의 핵심적인 5가지 이슈를 꼽았다. 부정부패와 정치적 불안정, 극도로 궁핍한 계층의 존재, 기독교에 대한 핍박, 여성과 어린이에 대한 인권 유린, 인신매매와 10대 범죄의 급증 등이다.

놀라운 일은 이런 상황에서 영적 부흥의 불길이 계속 타오르고 있다는 것이다. 이제 인도를 비롯한 남아시아 부흥은 교회 영역을 넘어 정부 조직, 비즈니스 세계, 교육, 디지털 미디어 등의 영역으로 확산되고 있다.

이 대회에 주 강사로 온 인도 정부 고위직 출신의 존 사무엘 박사는 "내가 속한 영역을 복음으로 정복하는 것이 진정한 영향력"이라며 "꿈은 잠잘 때 꾸는 것이 아니라 잠을 못 자게 만드는 것"이라고 말했다. 그는 참석한 리더들에게 "모든 영역을 변화시키는 꿈을 꾸라"고 도전했다.

미디어 회사를 운영하는 애쉰 디리암 대표는 "인도의 강점인 IT와 디지털 미디어를 활용해 복음 전도의 모든 벽을 무너뜨렸다"고 강조했고 매튜 박사는 무너진 가정을 회복시키는 건강한 가족 만들기 운동을 통해 많은 가정을 그리스도께 인도했다는 사례 발표를 하기도 했다. 이밖에 균형 심리학적 접근을 통해 청소년들의 극단적인 선택을 막았던 사례도 선을 보였다.

15~16일 스리랑카 수도 콜롬보에서 개최된 BSH 스리랑카 대회는 엄청난 열기로 가득 찼다. 스리랑카 부흥의 주역인 제이콥 목사는 한국의 정소연 선교사와 결혼해 하나님의 놀라운 사역을 체험하고 있다.

그는 2025년까지 스리랑카를 그리스도께 드리기로 작정하고 기도 운동과 교회 부흥 운동을 주도했는데 많은 교회가 연합한 기도 운동으로 최근 스리랑카 교회는 10배로 부흥했다. 놀랍게도 팬데믹 이후 많은 사람이 주께 돌아오는 엄청난 일이 일어나고 있다. 이는 불교국가인 스리랑카에서 일어난 경이로운 기적이 아닐 수 없다.

파키스탄 카라치에서 열린 '빌리온 소울 하비스트(BSH) 파키스탄 집회'에서 메시지를 선포하며.

대회 첫날 저녁엔 내리치는 천둥 번개와 열대성 소낙비처럼 하나님의 강력한 임재가운데 BSH의 비전과 말씀이 선포됐다. 이어진 뜨거운 기도와 찬양은 참석자 모두를 매료시킬 정도로 깊고 아름다웠다.

특히 하나님께서 정소연 선교사를 스리랑카로 부르시고 부흥과 추수를 약속하신 간증에는 큰 은혜를 받았다. 스리랑카는 자연과 사람, 언어가 아름다웠다.

18일과 19일, 파키스탄 카라치와 이슬라마바드에서 열린 BSH 파키스탄 대회는 기대를 뛰어넘는 열매가 있었다. 파키스탄 핵심 사역자인 제임스 형제를 예비하신 것이나 카라치의 저녁 집회에 모인 사역자들과 성도들, 기대를 뛰어넘는 뜨거운 반응과 성령의 강한 임재, 주님의 섭리 가운데 동역하게 된 와카스 형제, 파키스탄에 선포된 10억 영혼 구원의 비전에 모두가 하나가 되었다.

숲이 많은 계획도시로 아름다운 이슬라마바드는 이슬람 라마단 금식이 끝나고 축제가 시작되는 절묘한 시기에 거의 모든 교회 지도자들이 국제 리더십 훈련원에 모여 BSH 비전에 공감하고 절박한 마음으로 파키스탄 부흥과 영혼 구원을 위해 간절히 기도했다. 파키스탄이란 말의 의미는 '성결한 땅'(Pure Land)이라고 한다. 이 땅이 거룩한 주의 백성들로 가득하길 열망하며 파키스탄의 2억3000만명의 잃어버린 영혼들을 향한 상한 심령의 기도를 드렸다.

25일 다카에서 열린 BSH 방글라데시 대회는 기대를 뛰어넘어 집회 장소를 가득 메운 사역자들의 놀라운 호응과 뜨거운 기도로 마무리하며 남아시아의 모든 일정을 마치게 됐다. 모든 것이 하나님의 은혜였다. 이 시간에도 중보기도를 하는 모든 선교사님께 감사의 기도를 드린다.

2000년 전 마가 다락방 성령의 역사를 예루살렘서 보다

'누구든지 역사에서 도망치려 하면 역사는 바로 그를 붙잡는다.' 이스라엘 예루살렘의 홀로코스트박물관에 적혀 있는 유명한 글귀이다. 이 박물관은 나치 독일에 의해 자행된 유대인 대학살을 기념하기 위한 국립박물관이자 이스라엘 국민의 정신교육 훈련장이다. 역사학자들은 가스실에서 사라진 600만 희생자들이 결국 국제 여론을 움직여 이스라엘 나라를 회복시키는 주춧돌을 놓았다고 평가한다. 물론 이 모든 것은 에스겔 37장에 예언된 대로 이스라엘을 회복시켜 가시는 하나님의 경륜이 숨어 있다.

올해 오순절이 막 지난 지금 이스라엘은 개국 이래 최대 전성기를 맞고 있다. 국민 소득은 5만5000달러이다. 경제 성장률은 4%, 외국인 직접 투자는 1200억 달러에 이른다. 코로나19 팬데믹 이후 관광객이 약간 줄기는 했지만, 올해 500만 달성은 무난해 보인다. 팔레스타인과 끝없는 분쟁 속에 있지만 줄기차게 강소국의 자리를 지키며 국운 상승으로 치닫고 있다.

더 놀라운 일은 이스라엘 내에서 예수 그리스도를 주로 믿는 '메시아닉 주(Jew·유대인)' 교회가 놀라운 성장을 하고 있다는 것이다. 5만 성도로 추산되는 '크리스천 유대인'의 급속한 증가는 이스라엘 선교를 위한 전 세계 성도들의 중보기도, 미국 내 메시아닉 주의 이동과 적극적 전도 활동에 기인한 바 크다고 하

지난달 28일 이스라엘 예루살렘 성전산 남쪽 오펠고고학공원에서
빌리온소울하비스트와 고 전도운동이 연합으로 진행한 선교전략회의에 참석한
각국 지도자와 성도들이 이스라엘 회복을 위해 뜨겁게 기도하고 있다.

겠다. 이스라엘의 회복과 영적 부흥이 서서히 가시화되고 있다.

이런 현상은 전 지구적 부흥과 추수의 역사가 일어나는 현실과 맥을 같이 하고 있다. 로마서 11장에서 사도 바울은 "이 신비는 이방인의 충만한 수가 들어오기까지 이스라엘의 더러는 우둔하게 된 것이라 그리하여 온 이스라엘이 구원을 받으리라"(25~26절)라는 말씀을 통해 이방인의 대추수에 이은 이스라엘의 부흥을 언급하고 있다. 이는 최근 일어난 이슬람권과 힌두권의 대추수와도 무관하지 않다. 성경이 말하는 관점에서 볼 때 이스라엘의 영적 회복은 세계 선교의 마무리라고 할 수 있다.

지난 25~27일(이하 현지시간)까지 팔레스타인 베들레헴에서는 빌리온 소울 하비스트(Billion Soul Harvest)와 '고 전도운동'(Go Movement)이 연합해 진행하는 선교전략회의가 열렸다. 26일에는 이스라엘 예루살렘 기도하우스에서 이스라엘 미국 인도네시아 말레이시아 한국 등 20여개국 중보자들이 모인 '오순절(Pentecost) 2023' 기도회가 개최됐다. 이날 기도회에서는 이스라엘의 회복은 물론 전 세계 교회 부흥과 10억 영혼 구원을 위한 기도의 불길은 엄청났다. 마치 2000년 전 마가의 다락방을 연상케 하는 폭풍 같은 성령의 역사가 있었다.

27일엔 고 전도운동이 주관하는 고 데이(Go Day) 행사가 있었다. 모든 리더들과 성도들은 이스라엘 곳곳에서 복음을 전했다. 특히 한국 중보자들로 구성된 마라나타 선교특전단은 새로운 전략으로 예루살렘과 텔아비브 유대인을 공략했다. 류여호수아 선교사가 쓴 '이스라엘과 열방의 하나 됨을 위한 용서와 화해의 문을 여는 편지'라는 부제를 단 '죄송합니다'라는 책에서 제시한 유대인 전도 전략에 기인한 것이다. 이 책에서 사례로 제시한 편지를 주면서 유대인들의 마음을 열게 하고 히브리어로 축복송을 노래하며 '진정성'을 무기로 다가가는 전도법이다. 수십 명의 유대인에게 거부감없이 복음의 씨앗을 심었다.

현재 진행되는 이스라엘에 대한 선교적 접근과 전도전략은 다음 몇 가지로 요약된다. 첫째는 중보기도를 통해 이스라엘 내 유대인들의 구원과 부흥의 영적 분위기가 조성되고 하나님의 임재를 느끼도록 간절히 구하는 것이다. 둘째는 무슬림들에게도 일어나는 현상인데, 예수님이 꿈이나 환상으로 나타나 영적 충격을 주는 것이다. 이 같은 현상은 최근 메시아닉 주에게 빈번하게 나타난다고 한다. 이를 위해 계속 기도할 필요가 있다. 셋째는 미국과 여러 나라에 있는 메시아닉 주를 대상으로 직접 전도하는 전략이다. 영주 귀국이나 단기선교를 통해 동질성을 바탕으로 복음을 전하는 방식이다. 넷째는 예수 그리스도를 통해 하나님을 믿어 구원받고 감격하며 기뻐하는 다른 민족들을 통해 시기심을 유발하는 것이다. 다섯째는 이번 한국팀이 했던 방식인 사과 편지로 기독교가 저지른 과거 역사적 죄악에 대해 사죄하고 진정성을 바탕으로 그들의 마음 문을 열게 하는 방식이다.

28일은 예루살렘 통곡의 벽 부근 성전산 남쪽 오펠고고학공원에서 전 세계 중보자들의 오순절 연합 집회가 있었다. 집회는 마치 전쟁을 연상하듯 유대교 전통주의자들의 격렬한 방해와 반대시위 속에서 진행됐다. 집회는 뜨거운 찬양이 이어지는 가운데 때아닌 단비가 내렸는데 이는 마치 늦은 비 성령의 임재를 연상케 했다. 이번 집회를 주도한 모든 리더들이 우중에 무릎을 꿇고 기도하는 모습은 감동을 자아냈다.

참석자들은 이스라엘에 하나님 나라의 강력한 임재가 나타나도록 기도했다. 특히 예수님의 부활 승천 성령강림 2000주년인 2033년까지 향후 10년간 지상명령을 완수하자고 전 세계 200개 교단과 글로벌 기관들이 서명한 '언약 2030'를 위해서도 간구했다. 수많은 메시아닉 주들이 주도적으로 참석했는데 이들은 전 세계에서 모인 성도들과 뜨겁게 기도했다. "이 둘이 자기 안에서 한 새 사람을 지어 화평하게 하시고"(엡 2:15)의 말씀대로 유대인과 이방인이 연합하는 가운데 놀라운 기름 부음이 있었다. 시편 133편이 연상되는 장면이었다.

美 작은 시골마을에 연인원 7만명…
부흥의 불씨 퍼뜨리다

　　　　모든 부흥은 혼돈의 가장자리에서 일어난다. 특히 미국의 제2차 대각성 운동은 미국 건국 이후 인간의 전적 부패에 기인한 극도로 어둡고 혼란스러운 사회 분위기, 탄식할 수밖에 없는 상황에서 일어났다. 영화의 한 장면처럼 아름다운 켄터키의 중부 목장지대에 케인 리지라는 동네가 바로 1801년 2차 대각성 운동이 일어난 곳이다. 부흥을 연구하기 위해 지난해에도 방문했던 이곳은 구릉과 프레리(미국 중부의 평원)가 조화를 이룬, 정말 평화롭고 수려한 마을이다.

　　　　그런데 222년 후 케인 리지에서 불과 60km 떨어진 애즈버리대학에 영적 대각성이라고 부를 수 있는 엄청난 부흥의 물결이 일어나고 있다. 물론 애즈버리대학의 부흥은 이전에도 몇 차례 있었지만, 이번 부흥은 독특한 형태로 나타났다. 이 시골 마을에 연인원 7만명이 모여들었다. 부흥의 불길이 켄터키를 넘어 테네시 오하이오 노스캐롤라이나 조지아로 퍼졌다.

이번 애즈버리의 부흥은 일단 막을 내렸다. 그러나 부흥의 불길이 꺼진 것이 아니라 모든 참가자의 심장에 한 자루의 촛불로 조용히 옮겨붙어 활활 타오르고 있다. 지난 18일간의 부흥을 숙고해 보면 한마디로 '평화스럽고 안온한 주님의 임재'라고 할 수 있다. 아무도 계획하지 않은 예수님의 조용한 방문이었다고 할까. 모든 일이 '극단적 겸손(radical humility)'으로 시작되고 진행됐다. 엘리야에게 나타난 하나님이 폭풍 지진 불 가운데 계시지 않고 세미한 음성 가운데 나타나셨듯 모두가 수용할 수 있는 전인격적 형태로 임했다. 미국의 주요 언론들은 이를 '하나님의 움직임(Move of God)'이라고 표현했다.

미국 대표적 복음주의 기독 매체인 크리스채너티투데이가 묘사했듯 예수님 외에 유명 인사는 없었다(No celebrities except Jesus)라는 표현이 말해주듯 유례없는 조용한 부흥이 미국 캠퍼스를 강타한 것이다. 평범한 설교와 평범한 예배, 평범한 학생들을 사용하신 아무도 계획하지 않은 강권적인 하나님의 역사, 서로 연결된 것도 아닌데 약속이나 하듯 공교롭게도 시다빌대학, 샘포드대학, 앤더슨대학, 리대학 등 20여개 주변 대학에서 똑같은 현상이 나타났다. 성령으로 말미암아 하나님의 사랑이 모두에게 붙어지고 그리스도의 몸이 하나 되는 사랑의 터치(touch)가

연속적으로 진행되며 놀라운 연합의 역사가 일어난 것이다.

푸르른 잔디밭이며 활짝 핀 백목련과 홍목련, 노란 수선화로 캠퍼스는 살짝 봄이 온 느낌이었다. 그것도 하나님의 영광으로 찬란히 빛나는 하나님의 봄 말이다. 모든 것이 하나님의 역사요 강권적인 움직임이라고밖에 표현할 말이 없다. 지금 일어나는 역사는 젊은이들을 포함해 얼마나 많은 사람이 하나님의 현존을 갈망하고 있는지를 보여준다. 최근 방영한 영화 '예수 혁명(Jesus Revolution)'의 제작자 그레그 로리 목사의 표현대로 50년 만에 다시 대학 캠퍼스에 예수 혁명이 일어나고 있다.

교회사의 거장 에드윈 오르(Edwin Orr)는 "하나님의 놀라운 부흥을 반복해서 강조할 때마다 신실한 중보 기도자들을 깨우고 또 다른 부흥을 준비하도록 각성시켜 준 사례가 많다"고 했다.

이번 애즈버리 부흥도 1970년 이곳에서의 부흥을 경험했던 충성스러운 러더들의 도전적 메시지와 새로운 부흥을 사모하고 갈망하는 신실한 중보자들이 배후에 있었다. 특히 한국에서 유학 온 김하진 목사와 말레이시아에서 온 홍 투 레오 교수가 숨은 공로자들이다. 애즈버리신학교의 박사 과정을 밟고 있는 김 목사가 미국에 도착한 날부터 시작된 새벽기도는 홍 교수가 참여하며 불이 붙었고 계속 이들은 간절하게 부흥을 갈망했다고 한다.

2부   193

미국 켄터키주 윌모어 애즈버리대학에서 열린 채플에 참석한 청년들이 부흥을 위해 함께 기도하며 찬양하고 있다.

CNN, 뉴욕타임스와의 인터뷰를 거부했던 홍 교수는 말레이시아의 신학 교수였는데 이곳에 교환교수로 왔다가 모든 것을 내려놓고 애즈버리를 위한 중보자로 부름을 받았다. 그리고는 성육신적 사랑을 실천하며 학생과 노숙자를 섬기고 있다. 지금도 그는 시간 나는 대로 뉴욕 맨해튼에서 쓰레기를 주우며 복음을 전하고 있는데, 그가 애즈버리대에서 온몸을 광고판으로 만든 샌드위치 맨이 되어 하나님의 메시지를 전한다. 그의 광고판은 '윌모어, 깨어나는 부흥' '왕이신 예수님이 우리를 위해 오고 계십니다' 등으로 2년 동안 캠퍼스와 시내를 누비고 다녔다고 한다.

1차 대각성 운동의 지도자였던 조너선 에드워드가 그의 저서 '겸손한 시도'에서 성령의 부어 주심의 의미로 사용하면서 보편화하기 시작한 부흥이 애즈버리에서 이름 없는 평신도 설교자를 통해 하나님의 사랑이 부어지는 독특한 형태로 나타난 것이다.

마치 하나님을 인간의 언어로 정의할 수 없듯이 하나님의 부흥은 시대마다 한 번도 똑같은 형태로 나타난 적이 없었다. 그래서 대부분의 부흥이 당시에는 이질적인 것이었지만 나중에 대부분 수용되며 크신 하나님의 새롭고 놀라운 역사에 대해 감탄하게 된다. 지극히 겸손한 자세로 하나님의 하시는 일에 대해 배우는 것이 우리의 할 일이 아니겠는가.

실제로 부흥을 주도한 분은 성령님이시지만 현장에서 조용히 기도하며 인도함을 받았던 분은 로빈 교수와 그레그 목사다. 로빈 교수는 호주에서 자란 중국인 화교인데 비즈니스를 크게 하다 부름을 받고 애즈버리에서 신학 공부를 했다. 그러면서 학생으로서 열정적으로 기도운동을 했다. 그러다가 케빈 브라운 총장에 의해 석사를 마친 직후 바로 경영학과 교수로 부임하게 되었는데 이는 전례 없는 일이었다.

로빈 림 교수는 교목인 그레그 목사와 더불어 소수의 교직원 및 학생들과 함께 부흥을 위해 계속 기도의 불을 붙였고 이번 부흥의 역사가 일어나자마자 7인 위원회와 70명의 중보팀을 만들어 역동적으로 기도했다. 특히 7인 위원회는 이 기간에 계속 창고에 모여 매 순간 성령의 인도하심을 받았다. 모든 상황을 통제하며 전인격적인 임재를 유지하고 지속하도록 부흥의 컨트롤 타워 역할을 한 것이다. 이 부분이 이번 부흥에서 가장 높이 평가되는 부분이다.

한국의 중보 기도팀은 애즈버리 부흥의 주역들에게 빌리온 소울 하비스트의 비전을 제시했고 앞으로 계속 중보기도 네트워크를 동원해 동역하기로 했다. 진정한 부흥은 반드시 영혼 구원과 선교의 역사를 일으키기 때문이다. 이제 다음 단계로 그 포커스를 주님 오실 길을 예비하는 추수와 거룩에 맞추고 달려가야 한다는 점에 의견을 같이했다.

　　이 기도 모임을 통해 엄청난 은혜를 체험하고 여기로 부르신 하나님의 경륜에 감탄했다. 특히 애즈버리신학교 교목 제시카 목사는 동성연애 반대를 끌어내고 새로운 국제감리교단 설립을 주도한 분으로도 유명하다.

　　애즈버리의 세계적 신학자인 크레이그 키너는 영성과 지성, 성품을 겸비한 모두가 공인하는 하나님의 사람이다. 사실상 애즈버리의 정신적 지주라 할 수 있는 그가 이번 부흥에 대해 '마치 천국의 향기를 맛본 것 같은 평화 온전함 소속감 사랑으로 가득 찬 아름다운 신비였다'는 고백을 했다. 콩고 난민 출신의 그의 아름다운 부인도 내내 미소를 지으며 동의를 표시했다.

　　이 현장에 있던 모든 분의 공통적 고백은 '압도적인 하나님의 임재'였다. 또 빌리 그레이엄 목사의 딸인 앤 그레이엄 로즈(74)는 이번 부흥은 구약에 예언된 늦은 비의 성령, 즉 예수님의 재림 전에 부으시는 성령의 기름 부으심이라는 기대를 하게 한다고 말했다. 이는 이 같은 엄청난 은혜의 부으심이 팬데믹 이후의 영적 갈망, 주님의 다시 오심을 사모하는 열망과도 깊은 연관이 있다는 많은 분의 고백과도 일치된 견해이다.

　　애즈버리대학은 '이글스'라는 축구팀으로 유명하다. 이 팀의 보조코치이자 선교단체 '인비전(Envision)'의 리더십 개발 간사인 자크 멜크랩이 로마서 12장을 강해하면서 선포했던 말씀이 아직 귓전에 맴돌고 있다. '자아도취적이고 가학적이며 이기적인 얄팍한 사랑 대신 하나님의 사랑을 체험하라. 온 세계는 사랑이 필요하다. 하나님의 사랑으로 채움을 받을 때까지 자리를 뜨지 말라'는 메시지가 '나비효과' 같은 부흥의 기적을 만들고 있다.

뉴욕 센트럴파크에서 나비 한 마리가 한 날갯짓이 특수 상황에서 증폭되어 기류를 타고 마침내 대서양에 거대한 허리케인을 일으킨다는 나비효과! 이러한 나비효과가 미국을 넘어 한국은 물론 전 세계 열방에 걷잡을 수 없는 산불처럼 번져 가길 기도해본다.

3부

Story **1**

내 인생을 뒤흔든
변화의 시작점

김준곤 목사님을 통해 오랫동안 기다려 왔던
만남의 축제가 시작되었으며,
나의 삶이 송두리째 바뀌는 변화가 시작되었다.

만남은 축복이요, 거룩한 변화의 시작이다. 19세에 만난 김준곤 목사님은 내 삶의 한복판에 영성의 폭탄을 터뜨린 분이다. 이분을 통해 살아 계신 하나님을 인격적으로 만났다. 기다리고 기다리던 만남의 축제가 나의 인생을 송두리째 변화시켰다.

진정한 나를 찾았고 이웃을 재발견했다. 민족을 만나고 세계를 만났다. 그토록 찾아 헤맸던 진리를 알게 되면서 복음을 미친 듯이 전하기 시작했다. 이때부터 나의 삶의 기류가 바뀌었다. 슬픔에서 기쁨으로, 절망에서 소망으로, 혼돈에서 질서로 바뀌었다. 마치 내 속에서 생명의 샘이 터져 나오는 것 같았다. 대학에 입학하여 알게 된 크리스천 신앙 공동체가 캠퍼스 시절, 내 삶의 모든 것이었다.

황성주 회장이 2022년 새해를 맞아
그가 세운 '사랑의병원'(경기도 성남시 분당구
삼평동 소재)에서 '하나님 나라의 비전
(Kingdom Dream)'을 제시하고 있다.

나는 서울대학교 의대 본과 1학년 때 소의가 아닌 대의의 길을 선택했다. 당시 예일대학교에서 의료 경제학을 공부하고 세계 보건 기구(WHO) 사무처장을 지내신 신영수 교수님을 만나서 운명적으로 예방 의학을 선택했다. 그래서 졸업 후에 예방 의학 교수가 되었다.

의대 교수를 하고 있었던 1992년 9월, 암의 재발을 막는 항암 면역 요법을 연구하기 위해 독일에 갔다. 거기서 '부작용이 없는 항암 치료'라는 새로운 신세계를 보았다. 그 이후 대학교수를 그만두고 1994년에 '사랑의클리닉'을 개원했다. 이는 현재 판교에 있는 '사랑의병원'의 전신이다. '미슬토 면역 치료법'을 한국에 최초로 도입했고, 그래서 탄생한 것이 '통합 의학'이다. 통합 의학은 현대 의학에 자연 의학을 융합한 것이다. 여기에 성경의 원리를 연결했더니 성경적이고 통합적이고 융·복합적인 암치료 모델이 탄생했다.

동시에 큰 틀에서 예방 의학을 지속했다. 생식을 개발하여 전 국민을 건강하게 하는 '전인 건강 운동'과 암을 예방하고 암의 재발을 막는 취지로 '캔서 프리운동(Cancer Free Movement)'을 펼쳐 나갔다. 덕분에 비즈니스 영역에도 발을 내디뎠다. 전공 영역에서의 가장 큰 보람은 일반인과 암 환우들을 위한 '전인 치유 시스템'과 '면역 관리 시스템'을 구축한 것이고, 암에 대한 5권의 대중서를 낸 것이다.

의대교수시절, 프랜시스쉐퍼(Francis Schaefer) 박사의 제자인 엘리스 포터(Ellis Potter)를 만나 영성의 지적 체계를 구축한 것이 삶의 영역을 넓히는 계기가 되었다. 그분은 "죄짓는 것을 빼고는 모든 것이 영적이다." 라는 충격적인 선언을 했다.

많은 크리스천들이 겪는 신앙적 오류 중의 하나는 초월성을 추구하다 합리성을 버리거나, 합리성만 추구하다 초월성을 포기하는 것이다. 엘리스 포터를 만나 합리성과 초월성을 동시에 추구하게 된 것이 나의 영적 패러다임을 바꾸는 전환점이 되었고, 이를 통해 나는 '나의 존재와 삶의 모든 영역이 영적인 것'이라는 결론을 얻게 되었다. 그 만남을 통해 형식적인 예배에서 벗어나 광활한 삶의 예배를 누릴 수 있게 되었다. 종교적 틀에서 벗어나 공동체에 기반을 둔 진정한 크리스천 영성을 추구하기 시작했다.

쉐퍼 박사가 설립한 '라브리 공동체(L'Abri Community)'를 연구하며 일생을 공동체 운동에 헌신하게 되었다. 지금도 많은 동역자들과 함께 강력한 성경적 비전을 구심점으로 하여 비즈니스, 문화, 교육 사업, 선교 사역을 하나로 엮은 공동체인 '사랑의 공동체'를 결성하여 이끌고 있다. 이 모든 일은 경이로운 만남의 축복이 가져다준 열매였다.

Story **2**

콜로라도

콜로라도에 가서 나는 '마이 드림(My Dream)'을
내려놓고 '킹덤 드림(Kingdom Dream)'을
붙잡게 되었다.

　　　　내 나이 50세가 되던 해인 2007년에 미국 콜로라도에 가게 된 것은 나의 인생에서 또 하나의 큰 획을 그은 사건이었다. 콜로라도에 가서 처음 접하게 된 광활한 대자연의 경이로움 앞에 나는 또 한 번 무너졌다. 사시사철 변화하는 산과 들판, 강과 골짜기의 아름다운 풍경을 넋을 잃고 바라보며 감탄을 연발하는 순간들이 매일 이어졌다. 꿈에 그리던 자연인의 삶이 시작된 것이다.

　　　　사람은 자기 자신보다 더 크고 위대한 것을 만나면 인생이 바뀐다. 이른바 '타자성(Otherness)'의 경험이다. 콜로라도의 대자연 앞에 한없이 작은 나를 발견하며 나를 상대화시키고, 객관적으로 바라볼 수 있게 되었다. 창조 신앙의 본질을 깨닫게 되었다. 나의 '구속 신앙'이 '창조 신앙'과 만나 조화를 이루게 되면서 비로소 나는 절름발이 영성에서 벗어나게 되었다.

황성주 회장(뒷줄 오른쪽에서 세 번째)이 2007년 8월 미국 콜로라도 로키마운틴 국립 공원에서 콜로라도 개척팀과 함께 킹덤 드림을 꿈꾸며 파이팅을 외치고 있다.

하나님과의 인격적 관계의 친밀감이 깊어지고, 프랜시스 쉐퍼를 통해 처음 접했던 크리스천 영성이 더욱 높은 단계로 나아가는 은혜가 있었다. 콜로라도에 사는 '레노바레 운동(Renovare Movement)'의 창시자인 리처드 포스터(Richard Foster)와 덴버신학교의 영성 신학자 브루스 더마레스트(Bruce Demarest) 교수를 통해 영적 여정에 대해 깊이 이해하게 되었다. 중세 수도사였던 클레르보의 버나드(Bernard of Clairvaux)가 제시한 사랑의 성숙의 4단계를 배우면서 내 생애의 모토인 '사랑의 혁명 운동'의 영적 기초를 쌓게 되었다.

의대 교수 시절 합동신학대학원에서 신학을 공부했었던 시기가 있었다. 당시 박윤선, 신복윤, 박형용, 김명혁 교수님 등 탁월한 신학자들에게서 '오직 말씀'이라는 개혁 신앙의 정수를 전수받은 것이 나의 신앙의 엄청난 자산이 되었다. 그러다가 콜로라도에서 성령 신앙에 눈뜨기 시작했다. 끝없는 영성 추구의 종착역은 결국 성령 신앙이었다.

내가 연구년을 보낸 콜로라도 스프링스는 미국의 예루살렘, 중보의 도시, 기름부음의 도시라고 불리는, 건강한 성령운동의 중심 도시였다. 특히 뉴라이프 교회의 테드 헤거드(Ted Haggard) 목사를 통해 기적같이 도시가 통째로 변화된 역사를 갖고 있어서 도시 변혁의 대표적인 모델 도시로 알려져 있었다.

강권적인 은혜에 의해 진행된 콜로라도에서의 안식을 통해 '말씀 신앙'과 신앙'을 결합하는 계기를 만들어 주신 하나님의 놀라운 섭리를 깨달으며 시간이 흐를수록 경탄을 거듭하고 있다.

또한 콜로라도에서 공동체 생활을 하면서 영적 지평을 넓혀 가는 새로운 경험을 했다. 크리스천 신앙의 본질이 '공동체적 영성'이라는 것을 더욱 깊이 체험했다. 최근 팬데믹 기간에 경기도 양평 서후리 센터에서 선교사님들과 선교 공동체를 이루며 같이 생활했던 것도 같은 맥락에서 이루어진 일이다. 또한 2021년에는 강원도 횡성 둔내면에 소재한 천혜의 자연환경이 어우러진 곳에 암 환우들을 위한 최상의 면역 관리 시스템을 구축하여 치유 공동체를 조성했다. 이들과 함께 생활하며 시간을 보내는 동안 통합 의학적 암 치료법을 삶 속에서 자연스럽게 탐구할 수 있는 기회를 얻을 수 있었다.

결국 2007년 콜로라도에 '킹덤 드림 센터(Kingdom Dream Center)'를 설립하고 지금까지 미국과 세계를 위한 중보 기도 센터와 킹덤 드림 스쿨을 운영하고 있다. 최근 전 세계 각국의 선교 리더, 교회 리더, 기도 운동의 리더와 글로벌 운동의 리더들이 함께 모인 자리에서 2030년까지 10억 명의 영혼을 구원하자는 '빌리언 소울 하베스트(Billion Soul Harvest)'를 선포했던 곳도 바로 이곳이다.

Story **3**

고통의 심연에
복음의 샘이 터지고

그 이후에 나의 깊은 상처와 고통의 웅덩이에 하나님이 은혜의 단비를 쏟아부어 주시는 사건들이 끊이지 않았다.
실제로 하나님은 그 웅덩이와 같이 움푹 패어 있는 내 '고통의 심연'을 '아름다운 호수'로 만들어 주신 것이다.

'어머니'라는 호칭을 부를 때마다 내 마음 한편에 포근한 느낌이 뭉게구름처럼 피어오르는 것을 느낀다. 나의 어머니는 할머니의 반대로 사범 학교 진학을 포기하고 평범한 주부로 아쉬운 일생을 사셨다. 결혼 생활 내내 아버지와 불화하셨고, 평생 동안 아버지의 폭력과 폭언을 견디며 고통 속에서 사셨다. 처절한 고통을 때로는 인내로, 때로는 임기응변으로 극복하셨지만, 가슴속에 맺힌것이 무척 많으셨던 분이다.

고등학교 3학년 때의 일이다. 그때 나는 같은 고3 학생들과 방과 후에 학교 도서실에 남아서 밤 11시 30분까지 공부를 하고 집으로 돌아가는 경우가 많았다. 그래서 대부분의 고3 학생들은 점심 도시락과 저녁 도시락을 함께 싸서 등교했는데, 나만은

황성주 회장 부부(앞줄)가 2002년 미국
워싱턴 한빛지구촌교회에서 목사 안수식을
한 후에 어머니(뒷줄 맨 왼쪽)를 모시고
기념 촬영을 하고 있다.

예외였다. 어머니는 저녁이 되면 매일같이 손수 찬합에 따끈한 밥과 반찬, 국을 담아 4km의 길을 걸어서 학교로 찾아오셨다.

그 시절 어머니가 나에게 보여 주신 사랑과 정성에 그저 고개가 숙여질 뿐이다. 그토록 지극한 어머니의 사랑을 받으며 나는 어머니와 강한 애착 관계를 형성하게 되었고, 어머니의 고통과 슬픔을 나의 것으로 여기며 나와 어머니를 동일시하는 내면세계를 갖게 된 것 같다.

지금도 나는 어린 시절 내 영혼에 구멍을 뚫어 버린 어머니의 슬픈 얼굴을 잊지 못한다. 내가 다섯 살이었을 때 보았던 한 장면에 대한 생생한 기억에서 떠오르는 어머니의 얼굴이다. 그때 아버지는 집 마당에서 어머니를 마구 때리며 피 흘리는 어머니의 머리채를 잡아끌고 다니셨다. 그때의 충격은 일생일대의 트라우마가 되어 나에게 깊은 상처를 안겨 주었고, 이로 인해 나는 청소년 시절 내내 '고통의 심연'에서 벗어나지 못하는 무력감을 경험하게 되었다.

어머니는 '고난받는 여인상'의 전형으로, 극단적인 가정 폭력의 희생자였다. 극심한 고통 가운데서도 자녀들에게 모든 것을 쏟아부으시며 자녀들을 훌륭하게 키워 내신 어머니의 얼굴은 늘 슬퍼보였지만 동시에 특유의 기품이 흘러나왔다.

캠퍼스 복음화에 헌신하던 때의 일이다. 그 당시 나는 서울대학교 관악캠퍼스 버들골에서 주님과 나만의 시간을 누리며 산책하는 습관이 있었다. 거기에는 평소에 못마땅하게 여기던 큰 웅덩이가 있었다. 푸른 하늘을 배경으로 드넓게 펼쳐져 있는 녹색 잔디에 어울리지 않게 움푹 파인 그 웅덩이를 볼 때마다 나는 인상을 찌푸리곤 했다.

그런데 비바람이 몰아치던 어느 날, 아침에 산책을 하다가 놀라운 장면을 보게 되었다. 짧은 시간의 집중 호우에 그 큰 웅덩이가 아름다운 호수로 변해 있는 것이 아닌가! 오랫동안의 안타까움이 탄성으로 바뀌는 순간이었다. 그때 내가 본 장면, '보기 싫은 웅덩이'를 '아름다운 호수'로 변화시키시는 하나님을 묵상하게 했던 그 장면에 대한 기억은 내 인생에서 고난이 찾아올 때마다 반전을 만들어 내시는 하나님의 은혜를 떠올리게 하는 기폭제가 되었다.

나는 대학교 1학년 때 한국대학생선교회(CCC)를 통해 주님을 만났다. 고통의 심연에 복음의 샘이 터지고 은혜의 강이 흐르기 시작했다. 얼마나 큰 은혜를 받았던지 복음을 받아들인 지 한 달 만에 13명의 학생들을 전도해 성경을 가르쳤다.

그 폭발적인 은혜를 체험한 이후에 나를 46년 동안 한결같이 달리게 한 복음에 대한 열정과 내면의 상처로 고통받는 사람들과 암 환우들을 향한 사랑, 그리고 매일 세계를 누비게 한 사랑의 혁명 운동에 대한 열망! 이 모든 것의 원동력은 다름 아닌 '고통의 심연'에 쏟아부어 주신 하나님의 조건 없는 사랑이다.

Story **4**

거지 순례 전도 여행

경남 진주에서 하동으로, 하동에서 전남 광양으로, 광양에서
순천으로, 경상도와 전라도를 누비며 거지 순례 전도 여행을
할 때, 우리의 가슴은 전도의 기쁨으로 벅차올랐다.
젊은 날의 열정을 마음껏 불태우며 청춘의 아름다움을 만끽했다

나는 대학 시절 미친 듯이 복음을 전했고, 주님 닮기를 열망하며 최고의 비전인 세계 선교에 목숨을 거는 삶의 기초를 세웠다. 특히 '지상 명령'이라고 불리는 "그러므로 너희는 가서 모든 민족을 제자로 삼아 … 내가 너희에게 분부한 모든 것을 가르쳐 지키게 하라."(마28:19-20)라는 말씀에 근거한 세계복음화의 비전은 내 핏속에 흐르는 일생일대의 신앙 철학이 됐다.

김준곤 목사님과의 만남은 선물 그 자체였다. 지금도 김 목사님의 얼굴만 떠올리면 힘이 저절로 난다. 입가에 미소를 머금은, 기쁨과 슬픔이 반쯤 섞여 있는 우수에 찬 얼굴이 한 장의 사진에 담긴 것처럼 떠오른다. 김준곤 목사님은 웃다가도 울고, 울다가도 웃으셨다. 끊임없이 기도하고 금식하며 난제들을 돌파해

대학생 시절 황성주 회장(맨 오른쪽)은
한국대학생선교회(CCC) 활동을 하며
영적 스승인 김준곤 목사(맨 왼쪽)로부터
가르침을 받으며 민족 복음화의 사명을
가슴에 아로새겼다.

가셨다. 목사님은 누가 봐도 성경에서 달려 나온 "말씀의 사람"이었고, 항상 내면의 불꽃이 타오르는 "성령의 사람"이었다. 그분은 주님이 없는 조국, 분단된 겨레의 현실을 품고 울고, 뜨거운 믿음의 젊은이들을 바라보며 웃었던것 같다.

물론 그분에게도 엄청나게 크고 깊은 개인적 고통과 상처가 있었다. 그래서 인간적 한계와 연약함이 있었지만, 대부분 고통스러운 성장 과정 및 시대 상황과 연관된 불가항력적인 것이었다고 생각한다. 목사님이 소천하시기 2년 전 어느 날, 서울 종로구 평창동 찻집에서 만났던 때를 잊을 수 없다. 상상을 초월한 성경적 비전과 일상의 경계를 무너뜨리는 말들이 그분의 입에서 쏟아져 나왔다. 나는 들으면서 온몸에 전율을 느끼는 은혜를 받았다.

김준곤 목사님은 사자처럼 포효하며 '캠퍼스 복음화', '민족 복음화', '세계 복음화'의 비전을 선포하셨다. 여의도에서 나흘간 200만 성도가 모였던 '80세계복음화대성회'에서 10만 선교사의 헌신을 이끌어 낸 김 목사님의 엄청난 도전은 내 생애를 뒤흔드는 계기가 됐다.

그 영향력으로 나는 의과 대학 시절 내내 "평생 복음을 전하는 의사가 되게 해주세요."라는 한 가지 기도 제목을 붙들게 되었다. 그런데 놀랍게도 졸업 후 의대 교수가 되어 캠퍼스 복음 사역을 계속하게 되었다. 그리고 이후 하나님의 강권적인 은혜로 복음 사역의 새로운 영역에 발을 들여놓으며, 사역의 지경이 확장되면서 한 번도 생각해 보지 못한 인생의 트랙을 달리게 되었다.

대학 시절에 했던 선교 활동 중에서 가장 기억에 남는 것은 '거지 순례 전도'이다. 1977년 남해안을 돌았던 19인조 형제들의 7박 8일 일정이 가장 기억에 남는다. 나는 거지 대장으로 '돈 주고 음식을 사 먹지 않는다.', '만나는 마을마다 가정마다 빠짐없이 전도한다.', '돈주고 차를 타는 일 없이 마지막까지 걸어서 간다.', '두 사람이 한 조가 되어 전도도 하고 밥도 같이 얻어 먹는다.', '대장의 명령에 절대복종한다.' 등의 원칙을 정했다.

경남 진주에서 하동으로, 하동에서 전남 광양으로, 광양에서 순천으로, 경상도와 전라도를 누비며 거지 순례 전도 여행을 할 때, 우리의 가슴은 전도의 기쁨으로 벅차올랐다. 젊은 날의 열정을 마음껏 불태우며 청춘의 아름다움을 만끽했다. 그런데 이 체험이 나중에 무의촌 진료와 의료 선교, 세계 100여 개국을 누비는 총체적 선교, 세계를 섬기는 '사랑의봉사단'과 '기도 특전단'으로 연결될 줄은 꿈에도 몰랐다. 이른바 '나그네 기질'의 발현이었다.

Story **5**

청춘을 던져
아낌없이 헌신한 날들

캠퍼스에서 복음을 전하는 일에 전적으로 투신하며,
젊은 날의 에너지를 아낌없이 쏟아부었던
나의 대학 시절을 떠올릴 때마다 나의 마음에
하나님을 향한 감사가 넘쳐흐른다.

1976년 10월 15일은 서울대학교 개교 30주년 기념일이었다. 학생회관 뒤쪽 26동 대형 강의실은 입추의 여지가 없었다. '정신사의 강은 어디로 흐르는 가?'라는 제목으로 김준곤 목사님의 신앙 강좌가 열리고 있었기 때문이다.

강연이 끝나고 우레와 같은 박수가 쏟아졌다. 서울대 CCC 총무 순장을 맡았던 나는 강단으로 뛰어 올라가서 '서울대 복음화 선언문'을 낭독했다. 그것은 당시 대표 순장이던 박하정 형제와 의논해 만든 것이었는데, 초안을 작성한 내가 낭독을 했다. 그 내용은 '오늘의 서울대 복음화는 내일의 민족 복음화'라는 기치 아래 '앞으로 3년 내에 서울대를 복음화하겠다.'라는 것이었다.

40년 전 서울대 캠퍼스 복음화의 주역들.
왼쪽부터 이원재 조선대 교수, 홍종인 서울대 교수,
황성주 회장, 소영섭 전 연변과기대 교수.

지금 생각하면 정말 무모했던 일이지만 그 당시에는 그 목표가 달성될 것을 추호도 의심치 않았다. 기도하고 금식하며 밀어붙이면 안 될 것이 없다고 확신에 차 있었다. 서울대 복음화는 하나님이 기뻐하시는 일임에 틀림없기에 하나님의 뜻이라고 믿고 서울대가 복음화될 것을 확신하고 있었다. 거기에 더해 박하정 형제와 기숙사에서 함께했던 복음전도의 놀라운 경험으로 인해 나는 자신감이 흘러넘치고 있었다.

처음에는 친구들을 전도하고 다음에는 후배들을 전도했다. 전도를 못해도 일단 채플에 데려가거나 2박 3일의 LTC 세미나에 참석하게 하면 변화되는 경우가 많았다. 예수님을 영접한 학생들은 순모임으로 연결하여 양육을 계속했다.

대부분의 학생들이 일요일이 되면 공허해하면서도 교회에는 귀찮아서 나가지않는 경우가 많았다. 여기에 착안해서 시작한 아이디어가 '공수 작전'이었다. 나중에는 주일에 버스를 대절해서 기숙사 앞에 대기시켜 놓고 사내 방송을 통해 '신앙생활을 권면하는 식'으로 학생들을 실어 날랐다. 한때는 참석자가 너무 많아 버스를 두 대 불러야 하는 어려움도 있었다. 그만큼 서울대 기숙사는 복음의 황금 어장이었다.

당시 서울대 복음화의 정의는 '모든 학생들에게 일대일로 복음을 전하는 것'이었는데, '여호와 이레'로 그 역사가 이루어지는 것이 신비스럽고 놀라웠으며, 그 과정에서 받은 은혜는 이루 말할 수없이 컸다. 지난 날들을 돌이켜 보았을때 내 젊음의 한복판을 주님께 드리며 후회 없이 캠퍼스 복음화에 전 삶을 내던질 수 있었던 것이 참 감사하다.

지금 생각해 보면 이것은 새 일을 행하시는 하나님이 예비하신 예행연습이자 전주곡에 불과했다. 이때부터 나의 특유의 승부사 기질이 발현되기 시작한 것이었다. 의대 교수 시절에 이루어진 교회 개척(1987)과 국제사랑의봉사단 설립(1992), 사랑의병원 설립(1994), 경제 공동체 이롬 설립(1997), 꿈의학교 설립(2002), 세계선교지도자회의(2002), 백만 자비량선교 운동(2006), 평양대부흥 100주년 연합 집회와 Transform USA 운동(2007), 킹덤 드림 선포(2010), 우간다 쿠미대학교 혁신(2018), 청년구국기도회(2021), Billion Soul Harvest(2021), 구국금식기도회(2022) 등을 이루는 과정에서 주님은 나의 승부사 기질을 사용하셨다.

Story **6**

롤 모델들과의
만남의 축복

내가 현실의 장벽을 넘지 못해
허우적댈 때, 내게 구원의 손길을
내밀어 주신 분들이 있었다.

나는 매일매일 좋은 만남을 달라고 절박한 기도를 드린다. 특히 자아도취에 빠지기 쉽고 죄성에 노출되기 쉬운 청년기를 보내고 있었던 1970-80년대의 절묘한 시점에 하나님께서 인도해 주신 분들과의 특별한 만남을 통해 나는 엄청난 축복을 받았다. 현실의 벽을 넘지 못해 허우적대는 나에게 '살아 있는 역할 모델'이 되어 주신 분들과의 극적인 만남에 대해 이야기하자면 끝이 없을 것이다.

한국대학생선교회(CCC)에서는 김준곤 목사님 외에도 강순영, 조기철, 김안신, 이상규, 김종식 등의 많은 간사님들로부터 가르침을 받으며, 그분들의 가르침을 스펀지처럼 빨아들였다. 무엇보다 당시 나에게 큰 충격을 주었던 분은 국제 CCC 총재이자 창립자인 빌 브라이트(Bill Bright) 박사였다.

2008년 여름, 황성주 회장(맨 오른쪽)의
영적 멘토 중 한 분인 루이스 부시 박사
(뒷줄 오른쪽에서 두 번째)와
변혁 미국(Transform USA) 핵심 리더들이
기도회 후 기념 촬영을 하고 있다.

1995년 올림픽 스타디움에서 있었던 '세계 복음화를 위한 지구촌 전략 회의(SM 2000)' 행사가 끝나고 귀빈석에 있던 빌 브라이트 박사를 만났다. 15년 전에 처음 만났던 때를 회고하며 서로 얼싸안고 기뻐했다. 그분이 갖고 있는 세계를 품은 비전이 너무 크고 귀하게 여겨졌고, 주님 앞에 철저히 복종하는 종으로 살아가는 태도에 매료될 수밖에 없었다.

목회자로 내게 영향을 주신 분은 한경직 목사님이다. 의대 본과 3학년 시절부터 영락교회에 출석했다. 한 목사님의 섬기는 종으로서의 모습, 목자다운 성품, 깨끗하고 고결한 신앙 인격, 겸손과 온유, 그리고 폐부를 찔러 오는 잔잔한 메시지에 깊은 은혜를 받았다.

김진홍 목사님은 갖고 계신 역량과 유명세보다 겸손하시고 민주적인 리더십을 가진 분으로, 국제사랑의봉사단의 초대이사장으로 계시면서 나와 함께 동역했었다. 곽선희 목사님은 우리 부부의 결혼 주례를 하신 분으로, 소망교회 청년부 시절 그분의 깊이 있는 메시지에 매료됐었다. 조용기 목사님은 대학 시절에 경쟁의식을 자극했던 분으로, '저분이 전 세계를 복음화하면 나는 할 일이 없겠구나.'라는 경탄과 탄식을 자아내게했다. 방지일 목사님과 정진경 목사님의 사랑도 잊을 수 없다. 소천하기 직전에 뵙고 은혜를 받았던 '기도의 용장' 정필도 목사님도 잊을 수 없다.

옥한흠 목사님과 하용조 목사님은 두 분이 각각 담임하셨던 사랑의교회와 온누리교회에 출석하면서, 이동원 목사님과 홍정길 목사님은 함께 동역하면서 큰 은혜를 받았다. 그분들의 훌륭한 인격과 창조적인 사역에 큰 매력을 느꼈다. 특히 온누리교회에서 전인 치유 사역 위원장으로 사역할 때 형님같이 사역과 비전의 멘토링을 해 주신 하용조 목사님의 자상함을 잊을 수 없다. 지금도 틈틈이 연락을 주시고 좋은 책을 보내 주시는 이동원 목사님의 사랑도 잊을 수 없다. 대학 시절부터 예수원을 방문할 때마다 만나 뵈었던 영적 거장 대천덕 신부님을 통해서도 큰 은혜를 받았다. 아가페의 이건오 장로님, 한동대 김영길 전 총장님, 이랜드의 박성수 회장님도 내게 큰 영향을 끼친 분들이다. 모두가 훌륭한 역할 모델로 나를 채찍질해 주신 분들이다.

국제 리더들로는 루이스 부시(Louis Bush), YWAM의 설립자 로렌 커닝햄(Lauren Cunningham), 인도 가정 교회 운동의 빅터 차우다리(Victor Chowdary), 최근에는 기도의 거장 존 랍(John Robb)과 딕 이스트만(Dick Eastman), 뒤늦게 선교 운동에 뛰어든 새들백 교회의 릭 워렌(Rick Warren) 등과 교제하며 끝없이 도전을 받고 있다.

Story **7**

기도의 능력

> 없는 것을 있게 하시고,
> 있는 것을 폐하시는 하나님의 능력이
> 얼마나 놀라운지 기도를 통해 경험했다.

의대 교수를 2년 하고 군의관으로 입대해 강원도 원주 1군 사령부에서 근무를 했다. 강원도에서 근무하며 의대 교수 시절 서초구 방배동에 개척한 교회를 섬기는 것이 쉽지는 않았다. 그래서 2년 차에는 반드시 서울로 발령을 받아야 하는 절박한 상황에 놓여 있었는데, 문제는 공석이 쉽게 나지 않는다는 점이었다.

그런데 가끔 청와대에서 필요한 사람을 차출해 간다는 말을 언뜻 들은 적이 있었다. 그래서 청와대로 보내 달라는 담대한 기도를 하기 시작했다. "제가 가진 전공을 가장 잘 활용하여 조국과 사회의 발전을 위해 공헌하고 싶습니다. 이왕이면 저를 청와대로 보내 주십시오." 세달째 기도를 하고 있었는데, 어느 날 출근을 해 보니 두툼한 서류 봉투 하나가 내 책상 위에 놓여 있었다. 발신은 '서울지구병원'이었다. 바로 대통령 전용 병원이었

강원도 원주 1군 사령부에서 군의관으로
복무할 때 황성주(앞줄 왼쪽에서 두 번째) 회장의
기도 제목은 청와대로 가게 해 달라는 것이었다.

다. 이곳에 예방 의학과가 신설되는데, 초대 과장으로 군에서 예방 의학 전문의와 의학 박사 학위를 가진 3명이 추천된 것이었다.

나는 엘리야의 기도를 연상하게 되었다. 3년 6개월 동안 비가 오지 않는 절박한 상황에서 기도했더니 "사람의 손만한 작은 구름"(왕상 18:44)이 나타났다는 성경 본문이 생각나면서 이 서류 봉투야말로 손바닥만 한 구름과 같은 하나님의 사인이라는 생각이 들었다. 서류를 제출한 지 6개월 만에 나는 서울지구병원 초대 예방 의학과장으로 부임했다. 그런데 놀랍게도 내가 임기를 마치고 후배 한 명이 내 자리를 이어받게 되었는데, 그 친구를 끝으로 예방 의학과는 폐지되고 그 자리는 없어졌다. 나는 그 사실을 전해 듣고 '없는 자리까지 만드시고 다시 폐하시는 하나님' 의 능력을 다시금 절감했다.

나중에 알고 보니 그 기도 응답은 나에게만 임한 것이 아니었다. 나의 인사이동에는 또 다른 간절한 기도 응답의 배경이 있었음을 알게 되었다. 그 기도의 주인공은 바로 의사로서 최초로 중장 계급장을 달았던 김록권 중령이다. 당시 군의관으로 서울지구병원의 진료부장을 맡고 있었던 김 중령은 군에 와서 신실한 그리스도인으로 변화되었는데, 병원 내에 사병들을 위한 교회를 설립하고 아침마다 의사들과 경건의 모임을 갖기 시작했다고 한다. 또한 수요일 점심때에는 병원장을 비롯한 병원 직원과 보안사 핵심 요원들이 함께하는 성경 공부를 인도하고 있었다.

그런데 김 중령이 다른 야전 병원의 병원장으로 승진 발령이 나면서 자신을 대신할 영적리더가 후임으로 오기를 기도하고 있었던 것이다. 결국 나는 방배동 교회와 지구병원 교회를 동시에 섬길 수 있는 축복을 받게 되었다.

나는 이 사건으로 하나님의 거대한 섭리의 네트워크와 기도의 연결성을 깊이 이해하게 되었다. 주님은 우리의 작은 신음에도 응답하신다. 그러나 기도는 생애를 건 비전이요, 인생관이다. 하나님을 향해 나를 내던지는 것이다. 기도는 명사가 아니고 동사다. 기도는 프로젝트가 아니라 태도다. 하나님께 나의 중심을 내어 드리는 것이다. 주님께 집중하는 것이고, 주님의 눈을 응시하는 것이다. 이런 마음가짐으로 기도하면 제한 없이 기도하게 되고, "네 입을 크게 열라. 내가 채우리라."(시 81:10)라는 성경 말씀의 의미를 명확하게 이해하게 된다.

Story **8**

작가가 되다

모든 문학 작품과 예술 작품은 절박성의 산물이다.
도전과 자극이 있어야 글을 쓸 수 있다.
치열한 삶의 현장에서 글이 나오고 새로운 만남에서
예술적 영감이 빛을 발한다.

　

"오아시스를 만나면 쉬었다 가라."라는 말이 있다. '북악재'라고 불렸던 서울지구병원의 사택은 서울 성북동 꼭대기 외교관촌에 위치해 있었다. 숲으로 둘러싸여 있을 뿐만 아니라 산과 약수터가 5분 거리에 있어 몸과 마음의 건강을 지키는 데 더할 나위 없이 좋은 곳이었다.

북악재로 이사 오기 전에 사택이 다 차서 우리 가족은 따로 전세를 얻으라는 연락을 받았다. 청천벽력 같은 소식이었다. 절박한 상황에 놓이면서, 건강 관련 책을 써서 베스트셀러가 되면 그 인세로 재정 문제를 해결할 수 있겠다는 엉뚱한 생각이 들었다. 예방 의학의 전문 지식과 체험적 건강론을 바탕으로 1군사령부 시절에 집필한 책이 《아빠를 젊고 건강하게》이다. 원고를

치열한 글쓰기로 최근까지 《킹덤드림》(규장) 등
30여 권의 단행본을 출간한 황성주 회장은
10년 전 《선물》이라는 시집으로 문단에 데뷔한 이후
6권의 시집을 낸 시인이기도 하다.

써 놓고 출판사를 물색했으나 책을 내 주겠다고 나서는 출판사가 없어서 '호도애'라는 1인 출판사를 창업했다.

놀랍게도 이 책은 나오자마자 주요 일간지에 소개되었고, 교보문고, 을지서적 등에서 건강 분야 베스트셀러에 오를 정도로 반응이 좋았다. 뜻하지 않은 은혜랄까. 생활고의 압박과 절박성이 불러온 저술 사역이 나를 작가로 만들어 놓았다. 또한 '책 한 권의 영향력이 대학 하나의 영향력과 맞먹는다.'라는 말이 마음에 와닿았다.

기도하고 기다리면 기회는 꼭 오는 법이다. 《국민일보》에 1년 3개월 동안 '성서건강학'을 연재하며 성경과 건강을 결부시켜 참신한 건강 메시지들을 전달할수 있는 좋은 기회를 얻었다. 대학교수로 다시 복귀한 다음에는 SBS에서 〈아빠를 젊고 건강하게〉라는 프로그램을 신설하여 토요일 아침마다 방영하게 되어 매주 TV 방송 건강 강의를 했고, 경제 신문에 1년 동안 건강 칼럼을 연재하기도 했다. 또한 각종 신문, 잡지와 사보에 글을 써 달라는 요청이 쇄도했다. 각종 단체에서 강연을 해 달라는 요청이 줄을 이었다. 그 이후로 1991년에 《건강미인 만들기》, 1992년에 《성서 건강학》, 1995년에 《스트레스는 인생의 양념》, 1996년에 《암의 재발을 막으려면》과 《사랑의 치유일지》 등을 출간했다. 평소에 즐기던 사색과 글쓰기의 습관이 결실하여 한 권의 책으로 엮여 나오는 것을 볼 때마다 큰 감격을 맛보았다.

그 이후로 지금까지 《아들아 사랑으로 세계를 품어라》, 《꿈에도 전략이 필요하다》 등의 청소년의 꿈을 위한 저서와 《암은 없다》, 《암 재발은 없다》, 《면역관리 없이 암 완치 없다》 등의 의학 서적, 《절대 감사》, 《킹덤드림》, 《킹덤 레이스》 등의 신앙 서적들이 줄을 이었다. 그리고 10년 전 《선물》이라는 시집으로 문단에 데뷔한 이후 연달아 6권의 시집을 내기도 했다.

모든 문학 작품과 예술 작품은 절박성의 산물이다. 도전과 자극이 있어야 글을 쓸 수 있다. 치열한 삶의 현장에서 글이 나오고 새로운 만남에서 예술적 영감이 빛을 발한다. 이제는 '만인 작가 시대'이다. 저술도 시작이 반이다. 놀랍게도 책을 쓰기로 마음먹고 나면 아이디어가 꼬리를 문다. 물론 글을 쓰다가 막히면 쉬어야 한다. 쉬다 보면 재충전이 되고 새로운 소재와 영감이 떠오른다. 그러면 다시 힘을 내서 글쓰기에 박차를 가하게 된다. 출판사와 미리 기한을 정해서 책을 쓰는 것이 좋다. 그 압박감이 엄청난 자극이 되기 때문이다.

Story **9**

국제사랑의봉사단

> 그들의 얼굴과 반짝이는 눈동자를 주시하고 있자니
> 그들에게 필요한 것은 빵도 아니요, 옷도 아니요,
> '조건 없는 사랑'이라는 것을 깨달았다.

의과 대학 교수로 재직한 지 2년째가 되던 해인 1988년 1월에 처음으로 해외에 나갔다. 병원을 경영하는 조은제 집사님이 개인 재산을 털어서 만든 아시아구제 기금의 지원을 받아 8명이 의료 봉사를 위해 세계에서 가장 가난한 도시인 방글라데시 찔마리를 방문했다.

찔마리는 방글라데시의 맨 북단에 있는 고장으로, 자무나 강을 끼고 있었다. 연례행사처럼 홍수가 찾아와 피해가 극심했다. 강 가운데에 있는 큰 섬에는 7천 명에서 8천 명가량의 주민들이 살고 있었다. 그런데 홍수만 나면 물에 잠겨 주민들은 지붕 위로 피신해 토란 몇 개로 한 달을 버틴다고 한다.

몇 개의 섬을 방문해 진료했는데, 처음 방문했던 지역의 보

황성주 회장과 국제사랑의봉사단 1기 43명이
1993년 1월 방글라데시 찔마리 마을에서 주민들과
함께 한국의 전통 놀이 '깨금발싸움'을 하고 있다.

건소는 설립 이래 처음으로 문을 연다고 했다. 먼지가 한 뼘정도 쌓여 있는 책상을 청소하고, 당시에 방글라데시에서 사역하고 계셨던 의료 선교사인 강원희 선생님과 함께 진료를 시작했다.

끝없이 몰려오는 환자, 부족한 의약품…. 해야 할 일은 많고 부족한 것은 한두 가지가 아니었다. 특히 토양에 요오드 성분이 부족해 갑상샘 질환 환자가 많았다. 감기, 신경통, 피부병, 기생충, 중이염, 안질환 등이 많았고, 엑스레이가 없어서 확인할 수 없는 폐결핵 환자들 때문에 심적 고통을 받기도 했다. 환자를 보다가 지쳐서 잠깐 밖으로 나왔다. 눈짓 하나만으로도 많은 아이들이 따라다녔다. 내가 아는 단어는 '께모나쵸(안녕)'와 '발로 발로(좋아 좋아)' 두마디였는데, 이 말을 할 때마다 아이들은 함박꽃 같은 웃음을 머금으며 나를 둘러쌌다.

그들의 얼굴과 반짝이는 눈동자를 주시하고 있자니 그들에게 필요한 것은 빵도 아니요, 옷도 아니요, '조건 없는 사랑'이라는 것을 깨달았다. 돌아오는 내내 나의 뇌리에서 그 아이들의 얼굴과 눈동자가 잊히지 않았다. 그래서 나는 '반드시 이곳에 다시 온다.'라고 속으로 되뇌며, "오, 주님. 제가 이 약속을 꼭 지킬수 있도록 은혜를 베풀어 주시옵소서."라고 기도했다.

약 5년 뒤인 1992년 크리스마스 날에 의과 대학 교수로 재직하던 나는 '세계는 나의 교실', '인류 최후의 혁명은 사랑의

혁명'이라는 깃발을 내걸고 '국제사랑의봉사단(Loving Concern International)'을 창단했다. 그리고 열흘 후 1993년 1월에 국제사랑의봉사단 제1기 43명을 이끌고 방글라데시 찔마리로 선교 여행을 떠났다. 당시 국제사랑의봉사단 단원을 모집하는 구호는 '찔마리로 가자!'였다. 그래서 결국 마음의 빚을 갚게 되었다. 나는 다시 찔마리의 땅을 밟을 때의 감격과 은혜를 잊을 수가 없다.

에마뉘엘 레비나스(Emmanuel Levinas)는 '얼굴의 철학'으로 유명한 철학자이다. 자아도취에 빠진 자기중심적 철학에서 '타자성'이라는 개념으로 현대 철학계에 충격을 주었다. 나치치하에서 유대인이라는 이유로 모든 가족이 수용소에서 죽고 홀로 살아남은 이 철학자는 '이웃 사랑'을 외쳤다. 에마뉘엘 레비나스는 《나와 너》라는 저서로 유명한 마르틴 부버(Martin Buber)와 더불어 철학을 자아의 동굴에서 해방시켰다.

나는 "지극히 작은 자 하나에게 한 것이 곧 내게 한 것이니라."(마 25:40)라고 하신 주님의 말씀을 붙들고 평생 동안 국제사랑의봉사단 단원으로 사역하며 전 세계를 누비고 있다. 그 열매로 나는 30년 동안 125개국을 다니게 되었다.

Story **10**

빈민가와
무의촌 의료 봉사

빈민가와 무의촌에서 의료 봉사를 하던 시절에
들고 다녔던 작은 진료 보따리들은 이제 도움이 필요한
곳이면 지구촌 어디든 찾아가는 국제사랑의봉사단의
큰 짐 보따리들로 바뀌게 되었다.

한 팀으로 시작한 국제사랑의봉사단이 1994년에는 4개의 팀으로 늘어나 6개국을 섬겼고, 1995년에는 8개의 팀이 8개국을 섬겼으며, 1996년에는 19개의 팀이 13개국을 섬기게 되었다. 짧은 시간 동안 주님이 베풀어 주신 놀라운 은총으로 인해 가능했던 일이었다. 처음에는 단순한 믿음 하나 붙들고 무작정 시작했던 일이었는데, 시간이 갈수록 이 일이 정말 소중한 사역임을 확신하게 되었다. 놀랍게도 국제사랑의봉사단으로 섬기고 돌아온 사람들은 많은 경우 하나님의 나라에 대한 비전을 갖게 됨은 물론 '공동체'의 아름다움을 깨닫게 되고, 어떤 형태로든 삶이 변하게 되는 것을 목격하곤 했다. 특히 사람들은 의료 사역에 동참할 때 가장 큰 감동을 받았다.

1996년 네팔의 도티로 의료 봉사를 간
황성주 회장(앞줄 왼쪽에서 두 번째)이
'네팔의 슈바이처'로 불리는 강원희 장로
(앞줄 왼쪽에서 세 번째)와 기념 촬영을 하고 있다.

지금 돌이켜 보면 국제사랑의봉사단 사역은 내가 의대 재학 시절에 참여했던 빈민가와 무의촌에서의 의료 봉사 경험과 깊이 연관되어 있다. 의대 시절을 떠올리면 가장 기억에 남는 과목은 해부학이다. 서울대 의대 연건캠퍼스에 라일락꽃이 필 무렵, 첫 해부학 실습 시험이 있었다. 지금도 라일락꽃을 보면 그때 그 시절이 생각난다.

기초 의학을 배우던 1, 2학년 때는 의학 공부에 별로 흥미를 느끼지 못했는데, 임상에 들어가면서부터 물 만난 고기처럼 신바람이 나기 시작했다. 그런데 학생 신분으로 임상 실습을 할 때부터 내가 약간 노숙하게 보였는지 나를 전공의로 오인하는 경우가 많았다. 서울대병원에서 인턴을 할 때는 주치의로 오인을 받기도 했다.

조교 시절에는 간호학과 강의나 다른 대학 강의를 가면 일찍부터 '교수님'이라는 소리를 들었다. 본의 아니게 선생님 행세를 한 것이 유익할 때가 있었는데, 바로 병원 전도를 할 때였다. 물론 가운을 입고 다녔기에 아무런 제재도 받지 않았고, 모든 환자들에게 환영을 받았다. 이때 전도 열매도 많이 맺었지만, 많은 환자들을 만나 보면서 믿음이 좋은 환자들은 대부분 빨리 회복된다는 것을 알게 되었다.

관악캠퍼스에서 연건캠퍼스로 오면서 아가페 의료 봉사회

를 설립했다. 아가페 운동을 주도하는 분은 이건오 박사님으로, '한국의 슈바이처'라고 불리는 장기려 박사 밑에서 외과 수련을 받으신 분이다. 아가페 모임이 계속 발전하면서 창동에 있는 진료소에서 무료 진료를 시작했는데, 나는 본과 2학년 때부터 이 일에 동참했다. 처음 환자를 볼 때의 그 두근거리는 가슴과 생명에 대한 경외감은 말로 다 표현할 수 없을 정도다. 그 이후 목동과 상계동에서도 주말 진료를 하게 되었는데, 의료 봉사 활동을 할 때마다 나는 '가난한 이웃과 함께하는 삶'의 숭고한 가치를 깨닫고 마음속 깊이 되새기곤 했다.

어느 해 여름날, 최초로 무의촌 진료를 간 곳은 동해안이었다. 나는 당시 처음으로 강원도 땅을 밟아 봤는데, 버스가 굽이굽이 대관령을 넘어갈 때의 그 감격을 잊을 수가 없다. 하조대 해수욕장을 지날 때에는 처음 마주친 동해안의 푸르름에 탄성을 지르기도 했다. 당시 진료지는 고성군 아야진이라는 조그만 어촌 마을이었는데, 그때의 작은 진료 보따리들은 이제 도움이 필요한 곳이면 지구촌 어디든 찾아가는 국제사랑의봉사단의 큰 짐 보따리들로 바뀌게 되었다. 대학 시절의 거지 순례 전도와 빈민가와 무의촌에서의 의료 봉사 경험이 지금 세계적인 사역을 일으키는 샘의 근원이 된 것이다.

Story **11**

사랑의병원

결국 의대 교수를 그만두고 '사랑의병원'을 설립했다.
이를 통해 한국 최초로 암 환우들의 고통을 덜어 주고
완치율을 높이며 삶의 질을 획기적으로 높이는
전인 치유적인 면역 치료의 신기원을 열게 된 것이다.

당시 서울 의대에서는 지방에서 개척하는 의과 대학에 교수 요원을 공급하고 양성하는 프로그램이 있었다. 나는 바로 신청을 했다. 그래서 엄청난 지원을 받고 춘천에 있는 한림 의대 교수 요원이 됐다. 부임하자마자 한림대 아가페를 설립해 학생들을 전도했다. 날마다 캠퍼스에서 성경을 공부하고 기회가 있을 때마다 선교 농장 등에서 수양회를 했던 것이 생각난다. 강원도 삼척 하장으로, 전남 보길도로, 강원도 홍천 명개리로 무의촌 진료를 다니며 제자들과 일체가 되었던 아름다운 추억을 잊을 수 없다.

1992년 여름, 설악산 진부령의 알프스 리조트에서 개최된 한 수양회에서 스위스에 희한한 항암제가 있다는 정보를 들었다. 부작용이 없고 독일과 스위스에서 상당한 임상 효과를 거두고

황성주 회장(왼쪽에서 네 번째)이
2019년 자택에서 현재 의대 교수와 병·의원
원장으로 일하는 한림 의대 아가페 제자들과 함께
식사 기도 후 의료 선교사로서 손가락 하트로
예수님의 사랑 실천을 다짐하고 있다.

있다는 이야기였다.

스위스 바젤 부근의 소도시 알레스하임(Alesheim)에 있는 루카스 병원은 '희한한 항암제' 미슬토 요법의 원조라고 할 만큼 그 요법을 최초로 시행한 병원이다. 폴스하임(Paulsheim) 근교의 외셀브론(Oshelbronn) 병원도 인상적이었는데, 환자들에게 제공된 정교한 치유 환경은 감탄을 불러일으켰다.

프리덴바일러(Friedenweiler) 병원에서 말기 암 환자들을 만나면서 큰 충격을 받았다. 프리덴바일러는 독일 남부 슈발츠발트(Schwaldwald)에 있는 '평화의 마을'이라는 뜻의 휴양지다. 이 암 센터는 독일 전역뿐 아니라 유럽 각국에서 온 환자들로 가득 차 있었다. 환자들은 자신이 최선의 치료를 받고 있다고 자부하며 날마다 최상의 삶을 누리고 있기에, 병원에는 희망찬 분위기가 조성되고 있었다. 이런 분위기는 날마다 죽어 간다고 표현할 수밖에 없는 우리나라 암 환자들의 모습과는 너무나 큰 대조를 이루고 있었다. 우리나라 암 환자들은 암의 세력에 압도되어 "죽어 가는" 반면, 그들은 암과 더불어 "살아가고" 있었다.

새로운 패러다임의 암 치료법을 발견하고 새로운 꿈을 꾸기 시작했다. 결국 의대 교수를 그만두고 사랑의병원을 설립했다. 이를 통해 한국 최초로 암 환우들의 고통을 덜어 주고 완치율을 높이며 삶의 질을 획기적으로 높이는 전인 치유적인 면역 치료의 신기원을 열게 된 것이다.

나는 대학 시절부터 마르틴 부버라는 철학자를 좋아했다. 그는 《나와 너》라는 책에서 이 세상의 모든 만남을 '나와 너'라는 인격적인 관계와 '나와 그것'이라는, 만남을 수단화하는 비인격적인 관계로 분류했다.

대부분의 만남이 '나와 너'의 아름다운 관계로 시작했다가 '나와 그것'의 비극적인 관계로 전락하는 것이 오늘의 현실이다. 이는 상대방을 귀히 여기지 않는 '사랑 부재 현상'으로 인한 것인데, 이를 해결하기 위해서는 성경으로 돌아가는 방법밖에는 없다. 인간이 '하나님의 형상대로 지음을 받은 고귀한 존재'라는 가르침으로 회귀하지 않는 한, '나와 너'의 관계로의 가치 이동은 불가능하다.

그래서 사랑에 대한 본격적인 탐구가 시작되었다. 특히 중세 시대 가톨릭 사제였던 십자가의 성 요한(St. John of the Cross)이 제시한 '사랑의 단계'에 매료되었다. C. S. 루이스(C. S. Lewis)와 에릭 프롬(Eric Fromm)의 저서도 큰 울림이 있었다. 성경에 기초해 "하나님은 사랑이시라."(요일4:16)라고 선포하며 '사랑의병원'을 '국제사랑의봉사단'에 이어서 설립한 것은 우연이 아니다.

Story **12**

생식

암 환자의 고통을 생각하면 식이 요법 연구에
몰두하지 않을 수 없었다. 결국 암 환자들의 절실한
필요를 간과하지 않았기에 생식을 개발하며 '비즈니스'라는
새로운 세계에 진입할 수 있었다.

사랑의병원은 독일에서의 체험을 바탕으로 암 환우들을 돕고 섬기는 것에 대한 비전을 구체적으로 실현하기 위해 설립하게 된 병원이다. 암의 원인 중 70% 정도가 먹는 것과 직간접적으로 연결되어 있기 때문에 암 환자에게 '식이 요법'은 정말 절박한 것이다. 그래서 암 환자의 고통을 생각하면 식이 요법 연구에 몰두하지 않을 수 없었다. 결국 암 환자들의 절실한 필요를 간과하지 않았기에 생식을 개발하며 '비즈니스'라는 새로운 세계에 진입할 수 있었다. 암 환자들의 절실한 필요를 해결하려고 한 것이 나의 '꿈의 재료'가 된 것이다.

생식은 내가 최초 개발자가 아니다. 다만 의학자로서 생식을 과학화하고 보편화하는 일에 앞장섰기에 내가 만든 생식브랜

황성주 회장이 2017년 킹덤 비즈니스를
지향하는 이롬 직원들과 12번째 의료 봉사
지역인 아프리카 우간다로 떠나기 전에
인천 공항에서 기념 촬영을 하고 있다.

드가 생식의 대명사가 된 것이다. 1997년 회사 설립 첫해에 1억, 이듬 해에 24억, 그다음 해에 무려 100억의 매출이 일어났다. 그 후로도 계속 수 백억대의 매출을 기록하며 성장했는데, 이는 상상하기 어려운 일이었다. 지금은 두유의 매출액이 생식을 넘어섰고, 수십 가지 자연 건강식품을 만드는 회사로 자리매김하게 됐다. 이것은 암 환우들을 귀히 여겼기에, 그들의 불편을 이해하고 배려했기 때문에 가능한 일이었다.

이웃을 사랑하는 마음, 긍휼히 여기는 마음, 소중히 여기는 마음이야말로 비즈니스가 싹트고, 열매 맺는 데 있어서 가장 강력한 동인이 되는 씨앗이다. 이롬 춘천 공장에 가면 '하나님과 사람 앞에 부끄러움이 없는 제품을 만들겠습니다'라는 표어가 있다. 그래서 이롬 곁에는 '세상을 이롭게 인간을 이롭게'라는 경영 철학에 기초한 '이웃 사랑 과학'이라는 구호가 항상 따라다닌다.

사실 비즈니스의 묘미는 남을 행복하게 해 주는 데 있다. 국제사랑의봉사단으로 에티오피아에 갔을 때의 일이다. 단 하루라도 일할 수 있는 일자리를 찾기 위해 몸부림치는 수많은 사람들이 인력 시장에 나와 있는 것을 보았다. 생기를 잃은 그들의 얼굴을 보면서 나는 마음이 아팠다. 가난으로 고통받는 사람들, 그들에게 진정 필요한 것은 한 끼를 해결할 수 있는 빵이 아니라 '직업(job)'이었다.

그때 '이롬'을 시작하며 내 안에 또 하나의 꿈이 생겼다. 이 비즈니스를 세계화해서 모든 선교지에 복음과 함께 직업을 일으키는 것이다. 또한 18세기 '모라비안 공동체'를 생각하면서 경제 공동체인 이롬 가족을 선교 공동체로 전환하는 꿈을 꾸기 시작했다. 그래서 직원들을 '이로미안'이라고 부르기 시작했는데, 그들이 전 세계를 다니며 복음을 전하는 제2의 모라비안이 될 수 있도록 기도하고 있다.

풀러신학교 총장이었던 리처드 마우(Richard J. Mouw)는 사역의 본질을 '절대 가치를 현시대의 고차원 문화 속에 집어넣는 전략'이라고 했다. 킹덤비즈니스를 추구하는 이롬은 주님의 다스림에 순종하는 회사이다. 킹덤 비즈니스를 세계화하면 그것이 바로 강력한 비즈니스 선교(BAM)가 되는 것이다.

의대 교수로서 국제사랑의봉사단 사역을 할 때는 많은 사람들에게 찬사를 받았다. 그런데 사랑의병원을 하면서부터는 칭찬이 사라졌고, 비즈니스에 진출하면서부터는 오히려 핀잔을 받기도 했다. '사역자가 지녀야 할 품위를 떨어뜨리는 일'이라며 주변에서 반대가 많았다. 하지만 믿음으로 이겨 내겠다는 각오로 소처럼 묵묵히 뚜벅뚜벅 사명의 길을 걸어 나갔다.

Story **13**

정도 경영의 길을
가기로 다짐했던 날

제주도 사건은 내게 일생일대의 뼈아픈 교훈을 남겼다.
이 사건으로 인해 나는 평생 '정도 경영'이라는
경영 원칙을 굳게 붙들게 되었다.

개원할 당시부터 시작된 병원의 적자는 눈덩이처럼 늘어났다. 적자 해소 방안을 놓고 고민하던 나는 그만 큰 실수를 하고 말았다. 평소 알고 지내던 분의 권유로 혈액 검진 사업을 시작했다. 검진팀이 각 직장을 방문해 직원들의 혈액을 채취하여 수십 가지 항목을 체크하고 종합적으로 건강을 진단하는 것이다.

처음 몇 달 동안은 순풍에 돛을 단 듯 사업이 번창했다. 그런데 어느 날 검진팀이 내려가 있던 제주도에서 급한 연락이 왔다. 제주도에서 혈액을 채취했는데 의료법 위반 혐의로 팀장이 구속되었고 나머지는 모두 입건되어 검찰의 조사를 받고 있다는 것이었다.

문제의 발단은 이랬다. 제주도에서 검진한 고객들에게 결

2021년 4월 강원도 횡성 클럽캐슬에서 열린
'사랑의 치유학교'에서
암 환우들이 환담을 나누고 있다.

과가 통보되었는데, 한 남성에게 "검사 결과 자궁암 없음"이라는 통지가 날아간 것이다. 그것은 컴퓨터 작업 오류로 인해 벌어진 일로 결과가 잘못 통보된 것이었다. 그러나 검진 결과를 통보받은 당사자는 이를 사기로 판단해 검찰에 고발했다.

결국, 사무 착오임이 판명되었으나 당시 검찰은 '의료 보건에 관한 특별 조치법'을 적용해 의사가 없는 상황에서의 모든 의료 행위가 불법임을 지적했다. 당시 관행으로 행해지던 것을 범죄로 규정한 것이다. 제주도의 한 신문은 사회면 톱 기사로 "서울에 있는 '사랑의클리닉'이라는 사이비 의료 기관에서 혈액 검진을 미끼로 돈을 받고 제주도까지 와서 사기 행각을 했다."라고 보도했다.

내가 검찰에 소환될 것이라는 관측이 지배적이었다. 혈액 검진 팀장이 구속되었는데 병원의 원장이 구속되는 것은 당연하다는 논리였다. 더 큰 문제는 지상파 TV 9시 뉴스에 보도될 것이라는 정보였다. 구속되는 것보다도 믿음으로 시작한 사랑의클리닉이 불법에 연루되어 세간의 조롱거리가 되는 것이 더 괴로웠다. 전국적인 뉴스가 될 것이라고 생각하니 기가 막혔다. 나는 "오, 주님"이라고 부르짖으며 탄식했다.

이 사건의 메시지는 분명했다. 하나님의 일은 하나님의 방법으로 하라는 것이다. 마치 하나님께서 "내가 너를 정말 사랑하기 때문에 안 된다."라고 말씀하시는 것 같았다. 먼저 '깨끗한 그릇'이 되어야 한다는 사실을 뼈저리게 깨닫게 되자, 그 이후로는 은혜의 개입이 이어졌다. 구속은 기우에 그쳤고, TV 보도는 9시 뉴스가 아닌 밤 11시 뉴스에 나가게 되어 결과적으로 큰 쟁점이 되지는 않았다. 나는 극적인 은혜로 '선고 유예' 판결을 받았고 언론이 터트린 문제의 크기에 비해 조용하게 수습되었다.

놀랍게도 하나님은 항상 벼랑 끝에서 은혜를 부어 주신다. 최악의 경영 상황에서 문득 '선교사와 목회자 부부를 위한 종합 건강 검진' 할인 프로그램에 대한 아이디어가 떠올랐다. 망할 바에야 좋은 일이나 실컷 해 보고 망하자는 각오로 획기적인 할인율을 적용하여 검진비를 받기로 결정했다.

그런데 그 반응이 상상을 초월할 정도로 폭발적이었다. 광고가 나간 그날부터 전국에서 목회자들의 검진 예약 전화가 빗발쳤다. 거기다 부작용 없는 항암 면역 요법이 신문과 잡지에 소개되면서 암 환자의 내원도 부쩍 많아졌다. 결국 1년 동안 누적되었던 적자가 해소되었고, 병원 경영도 정상 궤도에 오르게 되었다. 제주도 사건은 내게 일생일대의 뼈아픈 교훈을 남겼다. 이 사건으로 인해 나는 평생 '정도 경영'이라는 경영 원칙을 굳게 붙들게 되었다.

Story **14**

나의 꿈의 직업

집중하지 않으면 목표에 도달할 수 없다.
재능은 10배의 차이를 가져오지만
집중은 1000배의 차이를 가져온다.

쇼펜하우어(Schopenhauer)는 두 가지의 불행이 있다고 했다. 하나는 꿈을 이루지 못한 불행이고, 다른 하나는 꿈을 이룬 불행이다. 전자는 결핍과 좌절이 계속되고, 후자는 오만과 권태의 시기가 오기 때문이다.

꿈은 특별한 경험을 통해 생기기도 하지만, 주변 환경의 영향을 받아서 생기는 경우가 많다. 어린 시절의 나는 가난했고, 상처가 많았다. 그래서 늘 목가적 환경을 동경했고, 커서 목장 주인이 되겠다는 꿈을 꿨다. 나는 호남의 명문 광주제일고등학교에 다녔다. 하지만 내 성적은 전교 450등이었다. 그런데 내 인생을 바꾼 전환점이 된 사건이 있었다. 고등학교 1학년 학기말 마지막 수업 시간에 양인옥 미술 선생님이 해 주신 말씀은 내 가슴속에 영원히 지울 수 없는 기억으로 남아 있다.

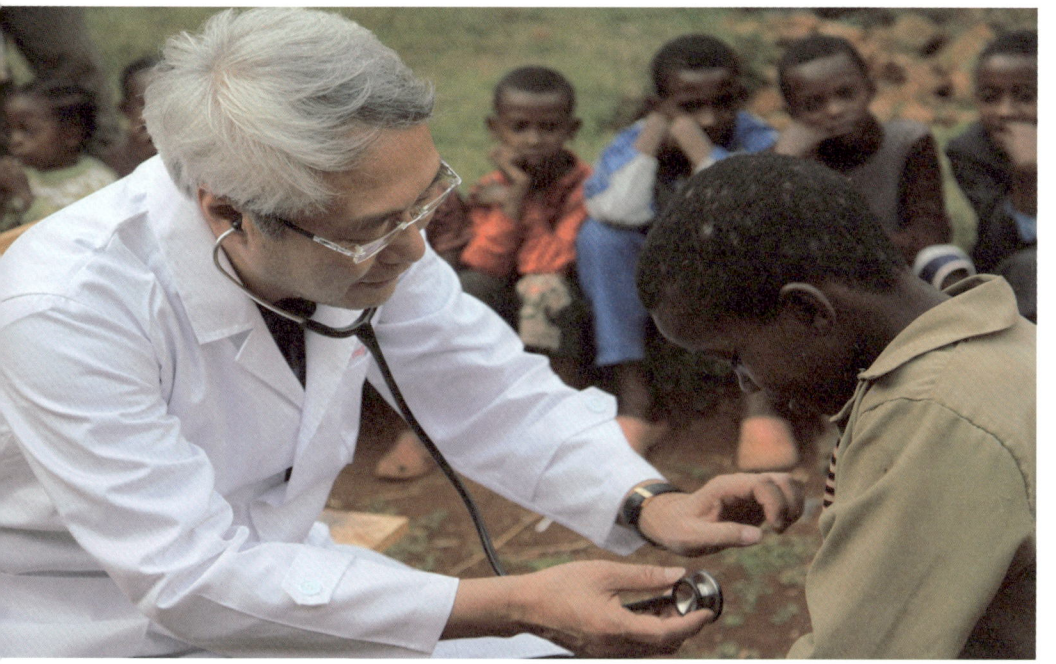

2015년 에티오피아에서 의료 봉사 활동을 하고 있는
황성주 회장. 고등학교 1학년 때, 황 회장의 꿈은
목장 주인이 되는 것이었다. 그런데 은퇴를 앞둔
양인옥 미술 선생님이 마지막 수업 시간에 하신 말씀을
듣고 감명을 받아 슈바이처 박사처럼 봉사하는
의사가 되겠다는 꿈을 꾸게 되었다.

"내가 40년간 교직 생활을 했는데 가장 보람 있었을 때가 언제였는지 아니? 내가 어느 섬마을에 부임했을 때였지. 섬마을에서 2년 동안 아이들과 주민들에게 헌신하며 봉사하다가 육지로 발령이나서 그곳을 떠나게 되었는데, 떠나는날 부둣가에 나를 배웅하기 위해 나온마을 사람들이 울면서 가지 말라고 하더라고…. 지난 40여 년을 회고해 보니 아낌없이 나 자신을 내어 주고 봉사하며 섬겼던 그때가 가장 보람 있었던 시간이었던 것 같아."

그 말씀을 듣고 내 마음에 큰 감동이 밀려왔다. 선생님의 인생 회고를 통해 '경이의 감정'을 느꼈다. 미술 선생님의 인생 이야기 속에서 '봉사'라는 단어가 튀어나와 단박에 내 마음을 앗아 갔다. 나는 무언가에 홀리기라도 한 듯, 그 단어의 경이로움에 빨려 들어갔다. '봉사'라는 단어에서 '의사'라는 직업이 떠올랐고, 곧바로 슈바이처 박사가 나의 롤 모델로 떠올랐다. 그래서 나만의 안락한 삶을 위해 목장 주인으로 살기보다는 타인을 위한 삶을 살아야겠다고 다짐했다. 의사가 되어 슈바이처 박사처럼 일생 봉사하는 삶을 살고 싶다는 꿈을 갖게 된 것도 그때였다.

'꿈'은 대단한 능력을 갖고 있다. 나는 곧 의과 대학에 가겠다고 결심했다. 그런데 꿈은 또한 '확장성'을 갖고 있다. 꿈을 꾸기 시작하면 우리 마음이 시공간의 경계를 넘어 무한대로 확장

된다. 의과 대학 중에서도 서울 의대를 가야겠다고 마음을 정한 것이다. 이왕이면 서울 의대에 가서 최고의 의사가 되어 최상의 삶으로 봉사하겠다는 열망이 생겼다. 당시 성적으로는 꿈도 꿀 수 없는 일이었다.

놀랍게도 꿈은 집중력을 유발한다. 꿈을 꾸게 되면 반드시 집중하게 된다. 내가 이 꿈을 꾸기 전에는 항상 어머니가 제발 공부 좀 하라고 다그치실 정도로 공부를 하지 않았다. 그런데 내가 공부에 집중하자 어머니의 태도가 180도로 달라졌다. 좀 쉬면서 공부하라는 것이었다. 결국 다음 달에 전교 200등, 그다음 달에 전교 19등을 했다. 그래도 역부족이어서 결국 재수 끝에 꿈을 이루었다.

집중하지 않으면 목표에 도달할 수 없다. 재능은 10배의 차이를 가져오지만 집중은 1000배의 차이를 가져온다. 꿈은 모든 일을 하나로 통합시키는 역할을 하며 자동적으로 절제하는 생활을 하도록 만든다. 많은 현대인들이 불행한 이유는 꿈을 이루지 못해서가 아니라 이루지 못할 꿈조차 없기 때문이다. 나이에 상관없이 끝없이 꿈을 꾸며 미래를 현재처럼 사는 사람이 젊은이고, 꿈 없이 현실에 안주하는 사람이 늙은이다.

Story **15**

꿈의학교

정말 감사한 것은 꿈의학교가 이후에 설립된
수백 개의 기독교 대안 학교들에게 성경적 대안 교육의
훌륭한 역할 모델이 되었다는 점이다.

2000년이 저물어 가는 날, 학부모 두 분이 서울 강남구 논현동 사랑의클리닉으로 나를 찾아왔다. 당시 아가피아에서 운영하던 '꿈의학교'를 맡아 달라는 것이었다. 그래서 공동체 리더들과 상의했더니 모두가 반대했다. 자산이 없고 빚만 남은 학교를 왜 인수하느냐는 것이었다.

내 경험상 일제히 반대하면 하나님의 뜻인 경우가 많았다. 그래서 비전을 선포했다. 당시 내가 알고 있는 최고의 학습법인 '꿈의 학습'이라는 콘텐츠를 살리고 세계화하자며 차세대 대안 교육에 뛰어 들었다. 이후 꿈의학교는 '사랑의공동체'의 최고의 정신적 자산이 되었다.

그래서 2002년 꿈의학교가 국제사랑의봉사단 산하로 들어

2018년 일본 나오시마에서 열린
꿈의학교 교사 연수회에서
교사들이 꿈과 비전을 나누고 있다.

오면서 새롭게 탄생했고, 교육 영역에서 '인류 최후의 혁명은 사랑의 혁명'이라는 깃발을 들었다. '사랑으로 세계를 품어라'라는 모토와 '선교 자원의 못자리판', '하나님 나라를 세워 가는 킹덤드림'의 비전으로 설립된 것이다. 정말 감사한 것은 꿈의학교가 이후에 설립된 수백 개의 기독교 대안 학교들에게 성경적 대안 교육의 훌륭한 역할 모델이 되었다는 점이다.

올해로 설립 20주년을 맞았는데 졸업식에서 다음과 같은 감사 제목을 올려 드렸다. "꿈의학교만의 독특한 교육 생태계를 구축할 수 있도록 동행하신 하나님, 꿈의학교가 많은 위기와 아픔, 부족함과 연약함이 있었지만 결국 승리하게 하시고 '하나님의 학교'로 세워져 가게 하심에 감사드립니다." "성적이나 성공이 아닌 성경적 가치 실현을 열망하는 '시간이 갈수록 빛나는 하나님의 사람'을 키울 수 있게 하셔서 감사합니다."

그리고 주님이 주신 감동을 이렇게 토로했다.

두 알의 불씨
사랑과 꿈
하나는 횡으로
하나는 종으로
생의 직물을 짜다
쓰디쓴 시간

곱디고운 인생길

　이런 짧은 시를 통해 지난 20년간 꿈의학교가 걸어온 꿈길과 사랑길을 되돌아 보았다. 요한복음 2장 가나의 혼인 잔치에서 "물 떠 온 하인들은 알더라."라는 말씀이 생각났다.

　본래 꿈의학교가 있는 영탑리 땅에는 암 환우들을 섬기는 병원이 있었지만, 주님의 강권적인 은혜로 미래의 꿈나무를 키우는 교육의 현장으로 바뀌었다. 지금까지 1000명 가까운 졸업생을 배출했는데, 그들이 세계 곳곳에서 그리스도의 향기로 살아가고 있다고 생각하니 지금도 가슴이 벅차오른다.
　이제 꿈의학교는 새로운 꿈을 꾸고 있다. 설립 20주년을 맞은 꿈의학교 3.0의 비전이 차근차근 진행되고 있다. 오랫동안 '사랑의공동체' 차원에서 기도하고 씨를 심었던 차세대 교육 혁명을 위한 디지털 플랫폼 프로젝트도 싹이 트고 있다.

　지금 세계는 '뉴 노멀' 시대를 맞고 있다. 다들 박탈의 시대, 불확실성의 시대를 살아가며 불안해하고 있다. 그러나 꿈의학교는 오히려 훈훈한 봄이 오는 길목에 서 있다. 시편 23편의 '원수의 목전에서 상을 차려 주시는 주님'을 묵상해 본다. 꿈의학교는 자타가 공인하는 최고의 성경적 대안 학교이며, 답답한 교육 현실 속 산소와 같은 학교이다. 꿈의학교에 갈 때마다 고백하는 말이 있다. "100% 성령님이 빚으신 작품입니다."

Story **16**

겨자씨 믿음

> 겨자씨 믿음을 심는 것은 우리의 몫이고,
> 산을 옮기고 불가능한 일을 가능한 일로 바꾸시는 것은
> 하나님이 하시는 일이다.

2002년에 쿠바에 다녀왔다. 쿠바는 공산권 국가라 교회 설립과 복음 전파의 자유가 없는 줄 알았는데, 놀랍게도 처소 교회가 부흥하고 있었다. 고학력자와 다재다능한 사람들이 많아 '이 나라는 선교의 나라'라는 영적 통찰력을 가지게 됐다. 2만 달러로 집 한 채를 매입해 '쿠바와 중남미, 세계 선교를 위한 선교 사관 학교(DAAM)'를 시작했다. 겨자씨만 한 믿음으로 선교의 씨앗을 심었다.

그런데 2019년, 17년 만에 쿠바를 다시 방문할 기회를 얻었는데 정말 놀라운 열매들을 보게 되었다. 그동안 이 선교사관 학교에서 2300명의 졸업생이 나왔고, 쿠바 전역에 교회를 개척해 하나님의 역사를 일으킬 뿐 아니라 90개의 분교를 설립해서 현재 1600명의 사역자들과 선교사 후보생들을 키우고 있다는 것

황성주 회장(앞줄 왼쪽에서 두 번째)은
2002년 2만 달러로 건물 하나를 매입해
쿠바 선교 사관 학교를 개교했다. 17년이 지난
2019년에 전재덕 선교사(뒷줄 맨 오른쪽)를
포함한 선교팀과 학교를 다시 방문하여
기념 촬영을 하고 있다.

이었다.

　비슷한 사례로 한국인 선교사들을 훈련시킬 선교 사관 학교를 필리핀에 세운적이 있었다. 그 사역은 무산됐지만, 오히려 필리핀인들을 해외에 선교사로 파송하는 기회가 됐다. 그리고 2005년 중국 가정 교회 지도자들이 최초로 한국선교사들의 선교지를 순례하는 현장으로 활용되어 그들에게 세계 선교 비전의 씨앗을 심는 기회가 됐다. 지금은 중국의 가정 교회가 2030년까지 2만 명의 선교사를 파송하는 엄청난 비전을 가지고 기도하고 있다.

　시카고에 있는 '삶의기본원리교육원(Institute in Basic Life Principle, IBLP)'에서 성품 훈련을 받을 때의 일이다. 미국 선교사 한 분이 이런 말을 했다. "그리스도인은 큰일을 하는 사람이 아닙니다. 큰일은 다 세상 사람들이 합니다." 여기서 그는 잠깐 멈추었다. 그렇다면 그리스도인은 작고 소박한 일을 하는 사람이란 말인가? 그가 갑자기 외쳤다. "그리스도인은 불가능한 일을 하는 사람입니다. 하나님만이 할 수 있는 일을 하는 사람입니다." 정말 도전이 되는 외침이었다.

　요즘은 디지털 시대, 초연결 사회가 되다 보니 '복잡계(complexity)'라는 말이 더욱 실감이 난다. 최근 팬데믹까지 가세해 불확실성이 증대되는 시대를 살게 되었고, 우리가 사는 세상의 앞날을 예측하는 것이 더욱 힘들어졌다. 이런 시대일수록 "진실로 너희에게 이르노니 만일 너희에게 믿음이 겨자씨 한 알만큼만 있어도 이 산을 명하여 여기서 저기로 옮겨지라 하면 옮겨질 것이요 또 너희가 못할 것이 없으리라."(마 17:20)라는 예수님의 말씀이 더욱 빛을 발한다.

40여 년 전에는 캠퍼스에 복음의 씨앗을, 30년 전에는 전 세계 곳곳에 국제사랑의봉사단을 통한 복음과 사랑의 씨앗을, 27년 전에는 사랑의병원 씨앗을, 25년 전에는 이룸을 비롯한 킹덤 비즈니스 씨앗을, 20년 전에는 꿈의학교의 씨앗을 심었다.

겨자씨 믿음을 심는 것은 우리의 몫이고, 산을 옮기고 불가능한 일을 가능한 일로 바꾸시는 것은 하나님이 하시는 일이다. "심는 이나 물 주는 이는 아무것도 아니로되 오직 자라게 하시는 이는 하나님뿐이니라."(고전 3:7) 주님은 겨자씨 같은 믿음을 통해서 일하신다. 그러나 겨자씨라도 심지 않으면 주님은 일하실 수 없다. "하나님은 업신여김을 받지 아니하시나니 사람이 무엇으로 심든지 그대로 거두리라."(갈 6:7)

Story **17**

내적 치유

그러던 어느 날, 나는 머리끝부터 발끝까지 온전한 부분이 없는 총체적인 환자임을 인정하고 하나님 앞에 무릎 꿇게 되었다. 그때부터 하나님이 나를 만지시기 시작했다.

나는 결혼이라는 과정을 통해 나의 감춰진 실체를 깨달았다. 나는 결혼을 두 사람이 하는 줄 알았다. 그런데 막상 결혼해 보니 네 사람이 결혼한 것이었다. 내 속에 분노하는 소년이 있었고, 아내 속에 상처받은 소녀가 있었다. 나는 아내는 사랑할 수 있었지만, 내면의 상처받은 소녀는 사랑할 수 없었다. 아내도 내 속의 분노하는 소년은 사랑할 수 없었다. 겉으로는 성인이지만 아직 자라지 않은 성인 아이들이 내면에 존재했다. 두 아이가 부딪히면 부부 싸움으로 이어졌다. 결혼 이후 내가 얼마나 비참한 존재인가를 깨달았다. 평생을 사랑하겠다고 서약했던 유일한 여인을 사랑할 수 없는 나 자신을 수용할 수 없었다.

내적 아이는 조건 없는 사랑을 받지 못한 결과이고, 치유의 열쇠는 조건 없는 사랑(아가페)을 경험하는 것이다. 나는 아내와

2020년 장남 결혼식장에서
주례를 맡은 황성주 회장이
평생을 동고동락한 부인
배미경 사모와 함께 행복한 표정으로
활짝 웃고 있다.

6개월간 열렬히 연애한 끝에 결혼했다. 그만큼 아내는 내게 소중했으며, 우리는 서로를 무척 좋아했다. 그러나 시간이 갈수록 결혼의 환상은 깨지고 에로스의 한계를 깨닫게 되었다. 에로스는 상대방의 외적 조건과 가치를 보고 느끼는 사랑이기에 조건과 가치가 사라지면 급격하게 식어 버린다. 사실 결혼 생활에서 성격과 취향과 비전의 미묘한 차이는 그다지 중요하지 않다.

그래서 결혼한 지 1년도 안 되어서 우리는 서로에 대한 환상이 깨져 버렸고, 부부 갈등 시대에 진입하게 되었다. 그런데 부부 싸움을 하던 어느 날, 나는 아내를 향해 그토록 사랑을 고백했던 입술로 아내가 가장 상처받을 말만 골라서 내뱉고 있음을 깨닫게 되었다. 나 자신에 대해 그렇게 실망스럽고 비참한 기분이 든 적이 없었다. 그때 나는 그동안 영적으로 하나님 앞에 쌓아 올린 내적 자산들이 일순간에 무너져 내리는 영적 파산을 경험했다.

그렇게 충격적인 낭패감을 겪은 이후 10여 년 동안 나의 내면을 탐구하며 변화를 모색하기 시작했다. '가정의 회복없이 사역의 성공을 기대하는 것은 위선'이라고 생각했기 때문이다. 아내를 사랑하는 마음과 피해 의식이 끊임없이 교차했다. 교만과 자기 비하가 뒤섞인 불안정한 상태에서 '변화를 위한 몸부림'이 계속되었다. 그러던 어느 날, 나는 머리끝부터 발끝까지 온전한 부분이 없는 총체적인 환자임을 인정하고 하나님 앞에 무릎 꿇게 되었다. 그때부터 하나님이 나를 만지시기 시작했다.

사람은 자기 실체를 보고 깨달을 때 변화되기 시작한다. 병든 모습을 감추는 것이 아니라 드러낼 때 하나님의 은혜가 임한다. 가면을 벗고 자기 자신의 참모습에 정직하게 직면하는 것이 필요할 때가 있다. 이런 정직한 자기 성찰을 통해 나의 내면의 치유와 회복이 가속화되었고, 아내의 모습을 있는 그대로 수용할 수 있게 되었다. 그리고 부부의 회복이 자녀에게까지 확산되는 이른바 '회복의 연쇄 반응'이 일어났다.

작가 이청준이 표현한 대로 인간은 '본래 깨어진 존재'이다. 그래서 본질적인 죄성과 연약함을 지니고 있는 인간이 자기 존재를 벗어나지 않는 한 완전한 치유도, 완전한 관계도 없다. 부부 관계를 포함한 모든 인간 관계의 사랑은 '우정(필레오)'에 기반을 두고 무르익어야 결실할 수 있다. 하나님의 조건 없는 사랑인 '아가페 사랑' 안에서 부부가 다정한 친구의 우정을 나누며 서로를 수용해야 한다. 에릭 프롬의 표현대로 하면 '상대방의 성장에 대한 적극적 관심'을 갖는 것이 사랑의 출발점이 되어야 한다.

이렇게 부부 관계와 모든 인간 관계의 목표를 재설정하면서부터 나는 자유인이 되었다. 이후 부부 관계 갈등을 통해 내가 몸소 체험한 내적 치유를 접목해 전인 치유 사역을 시작했다. 1995년 사랑의클리닉에서 시작한 '인격 치유 학교'가 그 효시다. 이후 다양한 형태의 전인 치유 학교로 25년이 넘는 세월 동안 명맥이 이어져 내려오고 있다.

Story **18**

선교

국제사랑의봉사단의 첫 선교 여행은 어쩔 수 없이
모든 초기 선교가 그렇듯 감상적 측면이 강했다.
그러다가 아프리카 마사이 땅에 사랑의병원을,
인도 봄베이 슬럼가에 사랑의진료소를 세우고
선교의 허브(Hub)를 확보하는 전략적 선교를 시도했다.

비행기가 에메랄드빛 바다에서 초록빛 섬으로 진입하니 수십 개의 나지막한 산봉우리들이 마치 춤추는 것처럼 현란하게 우리를 맞았다. '일로일로'라는 지역으로 대표되는 강원도만 한 크기의 필리핀 파나이섬. 그곳에는 자연의 경치보다 더 아름다운 감동을 자아내는 많은 사건들이 우리를 기다리고 있었다.

파나이섬에 간 지 3일째 되던 날, 우리는 아티족이라는 미전도 종족이 사는 안티끼의 바닷가 마을을 방문했다. 아티족은 본래 필리핀의 원주민 중 하나였지만, 지금은 소수 부족으로 전락해 국가의 보호를 받는 처지에 있었다. 이들을 위해 기도하던 중, 서태원 선교사님의 현지 제자 한 분이 스스로 자원해 이곳에 복음을 전하게 되었다고 한다.

10인용 미니버스에 30명의 어린 단원과 의료 장비, 약품, 기타 사역을 위한 짐까지 가득 싣고 이들을 찾아가는 길은 기쁨으로 충만했다. 단원들은 버스 지붕 위에 타는 것을 좋아해서 본의 아니게 2층 버스가 되기도 했다. 울퉁불퉁한 길이나 험한 산길일수록 단원들은 더욱 신바람이 났다. 해안선을 따라 아티족을 찾아가는 길은 전형적인 아열대 풍경이었다. 어릴 적 꿈에서나 아스라이 그리던 바닷가의 가난한 마을에서 의료 진료와 인형극, 어린이 사역을 진행했다. 결국 이곳에 미전도 종족인 아티족 최초의 예배당이 세워지는 역사가 일어났다.

국제사랑의봉사단의 첫 선교 여행은 어쩔 수 없이 모든 초기 선교가 그렇듯 감상적 측면이 강했다. 그러다가 아프리카 마사이 땅에 사랑의병원을, 인도 봄베이 슬럼가에 사랑의진료소를 세우고 선교의 허브(Hub)를 확보하는 전략적 선교를 시도했다. 물론 초기에는 동아프리카와 인도의 고통받는 지역에 주력했지만, 모잠비크의 대홍수, 인도네시아의 지진, 소말리아 내전, 아이티의 대지진, 아프간 전쟁, 이라크 전쟁 등 재난 지역에 의료 선교팀을 파송하는 모바일 선교도 병행했다.

중국의 가정 교회와 중앙아시아 지역에서는 말씀 선포와 전인 치유 사역을 했는데, 남가주 은혜교회의 김광신 목사님과

황성주 회장과 국제사랑의봉사단 단원들이 2018년 베네수엘라에서 청년 리더 70명을 훈련시키고 있다.

감비아의 이재환 선교사님을 만나 '성령과 기도'와 '성육신'이라는 선교의 본질을 알게 되었다. 그 과정에서 케냐의 안찬호 선교사, 인도의 백종태 선교사, 네팔의 백종윤 선교사, 카자흐스탄의 김삼성 선교사, 쿠바의 전재덕 선교사, 태국의 정도연 선교사 등 훌륭한 선교사들과 만나 배우고 깊이 동역하는 기쁨도 있었다.

북한의 청소년들을 위한 연변 사랑의집 사역과 유럽 CBMC 순회를 통한 유럽 재복음화 사역, 미국 변혁 운동과 중남미 순회 사역, 최근 집중한 에티오피아와 우간다, 베네수엘라 사역 등이 기억에 남는다. 120여 개국을 다니며 현지 선교사들과 협력해 끝없이 복음과 사랑의 씨앗을 심는 씨앗 선교가 핵심이었던 것 같다. 특히 가장 고통받는 지역과 도전적이고 창의적인 지역에 집중한 것이 기억에 남는다.

선교는 하나님이 이미 만들어 놓으신 복음의 생태계를 100% 활용하는 것이다. 특히 요즘같이 거대한 풍랑이 일어나는 팬데믹 시대에는 킹덤 드림의 파도를 타고 하나님과 동행하는 선교가 진행 중이다. 지금이야말로 '선교의 황금기'이다.

Story **19**

고비 사막 마라톤 대회

> 고비 사막에서 나는 온몸이 부서지고 온 뼈가 망가지는
> 처절한 사투를 벌였다. 동시에 사막의 한복판에서 절대 고독과
> 절대 결핍에 시달리며 하나님의 은혜로만 버티는 것이
> 무엇인지 절감할 수 있었다.

50대 중반이던 2011년 여름, 고비 사막 마라톤 대회에 참가하면서 대회 공식 서류에서 '죽어도 좋다.'라는 내용에 서명까지 했다. 주님의 인도하심은 참으로 놀랍고 신기했다. 원래 나는 달리기보다는 등산을 좋아했다. 그래서 위험한 등반을 강행하다 큰 재난을 당한 적이 많았다. 1990년 서울대병원 전공의 시절 2박 3일 휴가 중에 지리산 종주를 강행하다 조난을 당해 구조대에 의해 구조된 일도 있었다. 의대 교수 시절에는 겨울철에 등반이 금지된 한라산 북벽을 타고 내려가다가 15시간 동안 길을 잃은 적도 있었다. 어드벤처 레이스는 그야말로 모험의 연속이고, '죽음의 마라톤'이라는 별명답게 도전 의식을 자극하는 종목이다.

나는 고비 사막 마라톤에서 십자가 영성의 진수를 경험했

다. 거듭남의 원점이라고 할 수 있는 골고다의 죽음을 실존적으로 체험할 수 있었다. 나는 그전까지 10km 단축 마라톤도 뛰어본 적이 없었다. 고비 사막 마라톤에는 대부분 철인 3종, 5종 선수들과 노련한 산악인들이 출전한다. 그들은 극한 상황에서의 생존을 위해 1년 정도 훈련하며 몸을 만든다. 그리고 일주일 치 식량과 수십 가지 장비가 든 배낭을 메고 산맥과 사막을 횡단하는 오지 레이스에 나선다. 중년의 나이에 이 대회에 나간다는 것은 매우 무모한 일이었다.

깊이 기도하던 중 "다른 사람은 자신의 존재를 증명하기 위해 참석하지만 너는 나의 임재를 증명하기 위해 가라."라는 메시지를 받았다. 그래서 준비하는 과정에서 말할 수 없는 평강이 있었다. 우선 나 스스로를 몰입할 수밖에 없는 상황으로 몰고 갔다. 현실적 과제는 고비사막에서 살아남는 것이었다. 그래서 생존을 위해 나를 변화시켜 갔다. 변화는 압박감이 클 때 일어난다.

뒤늦게 참가를 결정했기에 몸을 만들 시간이 없어 처음부터 초강도 훈련에 들어갔다. 5월 말에는 $9kg$의 배낭을 메고 불곡산을 2시간 30분 동안 등반했다. 6월 초순에는 청계산과 대둔산을 등반했다. 대회 일주일 전에는 1박 2일 지리산을 등반하며 훈련을 마무리했다.

드디어 6월 24일, 중국 우루무치로 가기 위해 인천 공항으

황성주 회장이 2011년 6월 목숨을 건 고비 사막 마라톤 4일째 1구간에서 짐바브웨 대표와 미국 대표를 추월해 달리고 있다.

로 향했다. 오직 한가지 목표에 몰입했고, 눈에는 타오르는 불이 있었다. 어느 날 고비 사막 마라톤을 준비하다 내 눈빛을 본 적이 있었다. 전에 한 번도 본 적이 없는 강렬한 빛이 내 눈에서 타오르고 있었다. 실제로 고비 사막을 달릴 때 기온이 50도 이상으로 올라간 적이 있었다. 그때 보았던 이글거리는 태양의 강렬한 빛만큼이나 당시 내 눈빛은 지울 수 없는 강한 인상을 남겼다.

고비 사막에서 나는 온몸이 부서지고 온 뼈가 망가지는 처절한 사투를 벌였다. 동시에 사막의 한복판에서 절대 고독과 절대 결핍에 시달리며 하나님의 은혜로만 버티는 것이 무엇인지 절감할 수 있었다. 결국 하루에 12시간씩 3박 4일을 달려 고비 사막을 완주하며 순간마다 쏟아지는 하나님의 사랑, 상상할 수 없는 은혜의 진수를 경험했다. 대회를 마치고 돌아와서 사막 한복판에서 사투를 벌이며 펼친 마라톤 경주에서 내가 체험한 것을 자세하게 기록하여 《킹덤레이스》라는 책으로 완성하여 규장 출판사를 통해 출간했다.

고비 사막 마라톤에서 내가 경험하고 터득한 것은 영적 전투에서 승리하는 비결과 직결되는 것이었다.

Story **20**

백만 자비량 선교 운동

팬데믹과 핍박의 시대에 교회 부흥은 '얼마나 모이느냐'가 아니라 '얼마나 파송하느냐'에 달려 있다.
'만인 제사장'을 넘어 '만인 선교사 시대'가 열리고 있다.

2004년 여름, 미국 시카고에서 한인세계선교협의회(KWMC)가 주관하는 세계선교대회가 있었다. 나도 그곳에서 강사로 섬기게 되었는데, '전인 치유 선교'라는 주제로 강의했다. 그때 대회를 공동 주관한 한국세계선교협의회(Korea World Missions Association, KWMA) 대표 회장이었던 박종순 목사님의 전혀 예상치 못한 제안으로 KWMA의 법인 이사가 되었다.

2005년 1월 KWMA 이사회 및 총회가 열리기 며칠 전에 나는 꿈의학교 교사 60명을 대상으로 진행된 교육 사관학교에서 영성 훈련을 인도하고 있었다. 그 모임에서 나는 다른 중보 기도자들과 함께 KWMA 이사회와 총회를 위해 기도하게 되었다. 기도하던 중에, 하나님이 급하게 무언가를 선포할 것을 명령하시는 것 같아서 더 기도에 집중하게 되었다. 그때, 갑자기 비전 한 가지가 떠올랐다. 그것은 '예수님의 지상 명령에 순종하는 백만의 평신도들이 현장과 자기 영역에서 복음을 전하다가 전 세계로 보냄을 받고 대추수의 역사가 이루어지는' 비전이었다. 나는 그 어마어마한 규모에 놀라서 나 혼자만의 엉뚱한 생각이라 여기며 선뜻 받아들이지 못했다. 하지만 거역할 수 없는 성령의 터치가 있었다.

일단 무조건 순종하기로 했다. 그리고 이사회와 총회에서 만날 한국 교회의 리더들에게 도전하기 위해 밤새 자료를 만들었다. '백만 자비량 선교 운동(MT2020)' 기획서였다. 다음 날 아침 이사회와 총회에서 박종순 대표 회장, 강승삼 사무총장, 한정국 총무의 적극적인 지지로 통과되었다.

당시 'Target 2030'(2030년까지 십만 명의 전임 선교사를 파송하는 비전)과 함께 한국 선교의 새로운 장기 비전을 세웠다. 2006년 1월 9일 한국 교회 100주년 기념관에서 한국기독교총연합회 63개 교단, KWMA 소속 선교 단체 대표, 해외 한인 교회 대표, 한인 선교사 대표들이 모여 '백만 자비량 선교사 운동' 선포식을 가졌다.

평소 친하게 지내던 중보자 한 분에게 백만 자비량 선교사 운동을 위해 기도해 달라고 부탁드렸다. 후에 그분은 "제가 박사님 앞에서는 좋은 비전이라고 맞장구를 쳤지만, 하나님께 기도할

황성주 회장이
2018년 KWMA 세계선교대회에서
4차 산업 혁명 시대의 세계 선교 전략을
제시하고 있다.

때는 '하나님, 백만 명을 보내다니 말이 됩니까?'라고 했는데 하나님께서 '너 무슨 말을 하고 있니? 나는 천만 성도를 다 보내고 싶다.'라는 마음을 주셨어요."라고 했다. 많은 사람들이 처음에는 황당해하다가 결국 '하늘 아버지의 마음'을 읽고 동역하는 일들이 일어났다.

결국 내가 처음 제안했던 '백만 자비량 선교 운동'은 'Target 2030' 운동에 흡수되어 조용히 추진되고 있다. 놀라운 일은 처음 뜨거운 열의를 가지고 이 운동을 추진하기 시작했던 때보다 팬데믹 이후에 한층 더 가속도가 붙기 시작하고 있다는 점이다.

최근 크리스천 최고 경영인, 교육자, 언론인, 금융인들이 모인 모임에서 비전을 나누었더니 많은 분들이 '나도 백만 자비량 선교사로 파송받고 싶다.'라고 했다. 2020년 평창 포럼에 참석했던 한 목사님은 자신의 교회에 출석하는 만 명의 성도들에게 2030년까지 모든 성도를 다 '비전 선교사'로 파송하겠다며 '한 명도 남지 말라'고 도전했다고 말했다. 팬데믹과 핍박의 시대에 교회 부흥은 '얼마나 모이느냐'가 아니라 '얼마나 파송하느냐'에 달려 있다. '만인 제사장'을 넘어 '만인 선교사 시대'가 열리고 있다.

Story **21**

선교와 변혁

> 이제 우리는 전도에 초점을 맞춘 선교와 더불어
> 영역 사역을 함께 아우르는 접근법을 취해야
> 세계 복음화를 이룰 수 있다. 영역 사역은 비즈니스,
> 교육, 정부, 문화, 미디어, 가정 등 사회의 모든 영역을
> 변화시키는 것을 말한다.

2006년 김준곤 목사님의 소개로 세계적인 선교 전략가 루이스 부시 박사를 만났다. 그분을 통해 '선교'와 '변혁'이라는 양 날개의 중요성을 알았다. 즉, 개척 선교와 영역 선교를 병행해야만 세계 복음화를 완성할 수 있다는 것이다. 영역 선교는 교회 영역뿐 아니라 비즈니스, 교육, 정부, 문화, 미디어, 가정의 모든 영역을 변화시키자는 운동이다. 나는 곧바로 세계 변혁 운동(Transform World)에 뛰어들었다.

곧바로 한국 변혁 운동이 시작되었고, 김상복 목사님과 함께 이 운동을 이끌어 갔다. 그러던 중 평양 대부흥 100주년 변혁 집회를 섬길 기회가 왔다. 2007년 1월 7일부터 14일까지 서

울 올림픽 체조 경기장에서 열린 집회에 2만 명의 성도가 참여했다. 하나님이 한국 교회에 쏟아부으시는 성령의 은혜가 넘치는 집회였다. '부흥을 넘어 변혁으로'라는 주제로 열린 이 대회는 복음주의, 오순절주의, 은사주의가 교파를 초월하여 연합한 집회였다. 강사로는 로렌 커닝햄(Loren Cunningham), 루이스 부시(Luis Bush), 하이디 베이커(Heidi Baker), 조용기 목사, 김준곤 목사, 홍정길 목사, 이동원 목사, 오정현 목사 등이 섬겼다. 이 대회에서 2가지 중요한 사건이 일어났다.

첫 번째 사건은 조용기 목사님이 말씀을 선포할 때 일어났다. 모든 복음주의 목사들이 앞으로 나와 "성령 사역을 비판했던 일을 회개합니다."라며 무릎을 꿇고 용서를 빌었다. 같이 부둥켜안고 눈물을 흘리는 장면은 진정한 연합의 본질이 무엇인지 보여 주었다. 두 번째 사건은 남미의 알베르토 모테시라는 강사가 갑자기 "혹시 여기에 이슬람권이나 공산권에 가서 복음을 전하다 순교할 사람있으면 나오십시오. 기도해 드리겠습니다."라고 도전을 할 때 일어났다. 나는 순간 당황을 했다. '한 명도 안 나오면 어찌하나.'라고 생각하며 눈을 감았다. 그런데 주변이 너무 시끄러워 눈을 떠 보니 1분도 안 되어서 수천 명이 앞으로 나와 "내가 죽겠나이다."라며 기도 받기를 원했다. 그날의 감격은 잊을 수 없다.

이 대회를 섬기고 나서 개인적으로도 진기한 일이 생겼다.

황성주 회장이 2007년 1월에 열린
평양 대부흥 100주년 변혁 대회에서
말씀을 선포하고 있다.

파격적인 하나님의 인도하심이었다. 2007년 2월 나를 위해 깊이 중보해 주시던 한 선교사님이 나를 만나러 오면서 A4 용지 4장을 가져왔다. 거기엔 당시 내가 처해 있던 모든 상황이 구구절절 다 적혀 있었다. 다른 사람이 도저히 알 수 없는, 나만이 아는 내용이 열거되어 있었다. 그 내용의 핵심은 모든 사역을 중단하고 미국 콜로라도로 가라는 것이었다. "나는 많은 사역을 원하지 않는다. 너의 열심이 나에게 무슨 소용이 있느냐. 나는 많은 사역을 원하는 것이 아니라 깊은 교제를 원한다. 네가 내 안에서 안식하기를 원한다. 그곳에서 영적 거인들을 만나 기름 부음을 체험하고 다음 사역을 준비해라."

거역할 수 없는 부르심이었기에 순종을 결단했다. 물론 이 말씀을 확증하기 위한 기도가 필요했고, 가족의 동의와 사역들을 위임할 수 있는 시스템 구축 등이 필요했기 때문에 3개월의 준비 기간을 거쳤다. 콜로라도 스프링스는 아침부터 저녁까지 하나님의 임재를 느끼지 않을 수 없는 곳이다. 나는 그곳에서 순간순간 하나님의 경이로움에 빨려 드는 경험을 했다.

Story **22**

이롬 콜로라도 공동체

말씀과 기도와 안식과 누림의 충만함을 모두가 경험했다.
모든 리더들은 '사랑의공동체'가 축복의 통로로서
이 땅에 하나님의 나라를 이루는 데 동역하기를 열망했다.

2007년 5월 미국 콜로라도에 도착한 다음 날 아침, 영어 성경으로 시편을 묵상하는데 "Settle Down(정착하다)"이라는 단어가 눈에 확 들어왔다. 나는 이 말씀을 하나님이 주시는 말씀으로 붙잡았다. 그러자 내 안에 있던 심리적 갈등과 막연한 불안이 사라지고 주님의 인도하심을 확신하게 되었다. 콜로라도의 연구년 기간에 덴버신학교의 객원 연구원으로 브루스 더마레스트(Bruce Demarest) 교수에게 영성 신학을 배웠다. 세계적인 영적 흐름의 큰 그림을 볼 수 있게 된 것이 큰 수확이었다.

같은 해에 LA에 있던 미주 국제사랑의 봉사단 본부가 콜로라도 스프링스로 이전했다. 당시 미주 국제사랑의봉사단 대표와 이롬 미주 법인 대표를 겸임하고 있었던 김태진 장로가 콜로라도로 이사를 왔다. 또한 한국에서도 국제사랑의봉사단의 어용희

실장 일행이 콜로라도에 합류하여 콜로라도에 이룸 공동체가 형성되기 시작했다. 한국에서 지체들이 오는 날, 다 같이 하나님의 임재하심을 찬양하며 깊은 감사의 시간을 가졌다. 6월에 김 장로님이 이사 오는 날, 그들을 마중하러 아스펜으로 가던 산길에서 축복의 무지개와 함박눈을 동시에 경험할 때에는 마치 하나 됨을 기뻐하시는 하나님의 사인을 보는 것만 같았다.

콜로라도에서 지내는 동안 하나님은 모든 사역의 틀을 바꾸셨다. 날마다 킹덤 드림을 펼쳐 가시는 하나님의 경륜을 목도했다. 이후 점진적으로 킹덤 드림이 모든 기관에서 싹트기 시작했다. 훗날 '킹덤드림스쿨(Kingdom Dream School)'로 발전한 '킹덤사역학교(Kingdom Ministry School)'를 통해 공동체 전체로 킹덤 드림의 비전이 확산되었다. 헐벗은 산처럼 삭막했던 공동체에 하나님이 새 일을 시작하신 것이다. 2009년 7월 제1기 킹덤사역학교(KMS)가 콜로라도 스프링스에서 열흘 동안 열렸다. 그 기간 동안 사랑의공동체(이룸, 사랑의병원, 꿈의학교, 국제사랑의봉사단 등 10개의 기관)의 리더들이 모여 기도하며 함께 킹덤 드림 신인문을 만들어 선포했다.

말씀과 기도와 안식과 누림의 충만함을 모두가 경험했다. 모든 리더들은 사랑의공동체가 축복의 통로로서 이 땅에 하나님의 나라를 이루는 데 동역하기를 열망했다. 그래서 2009년 7월 8일 미국 콜로라도 스프링스에서 워크숍을 개최해 2010년을 킹덤

황성주 회장이 2010년 9월
콜로라도 아스펜 킹덤 미니스 트리 스쿨에서
'하나님의 세계 경영'을 주제로 강의한 후
학생들과 합심 기도를 하고 있다.

드림 원년으로 삼아 2020년까지 추구할 '킹덤 드림 2020' 10개 선언문을 발표했다. 그 내용으로는 '한 몸으로 사역한다.', '변혁의 기초는 개인과 가정의 변화이다.', '기쁨의 일터를 지향한다.', '콜로라도에 킹덤드림센터를 운영한다.' 등이 있었다.

최근 '킹덤 드림 2030'을 선언하며 '새로운 시즌, 새로운 세대'라는 주제로 제2기 사역이 시작되었다. 이는 2020년 전 세계 영적 리더들이 콜로라도에서 선언한 '빌리언 소울 하베스트' 운동과 연결되었다.

연구년 기간에 순복음뉴욕교회의 김남수 목사를 만난 것은 내게 특별한 은총의 사건이었다. 그 만남을 통해 2008년 뉴욕의 초대형 교회를 4개월 동안 풀타임으로 목회할 수 있는 기회가 주어졌다. 또한 콜로라도에서 김남수 목사님과 루이스 부시와의 만남을 주선했는데, 이 만남은 세계적 차세대 사역인 '4/14 운동'이 일어나는 계기가 되었다. 뉴욕에서 예수서원을 운영하는 인문학의 대가 고석희 목사님의 권면을 통해 사진 예술에 심취하게 된 것도 큰 은혜였다.

Story **23**

짐마, 에티오피아

하나님 나라에서는 사소한 일이 없다.
하나님의 역사는 항상 사소하게
보이는 일에서 일어난다.

　　　하나님 나라에서는 사소한 일이 없다. 하나님의 역사는 항상 사소하게 보이는 일에서 일어난다. 위대한 일은 사소한 것, 하찮은 것, 귀찮은 것을 귀히 여길 때에 이루어진다. 2012년에 한 선교사님이 에티오피아 짐마 지역에서 집회를 해 달라고 부탁했다. 이후 에티오피아의 수도인 아디스아바바에서 한국 대사님을 만났는데, 그분은 다른 지역은 몰라도 짐마 지역은 절대 가면 안 된다고 6번이나 강조했다. 대사님의 권면이 잘 이해되지는 않았지만, 나는 속으로 '짐마로 가라는 하나님의 뜻이구나.' 하고 해석하며 짐마에 가기로 결단했다.

　　　짐마의 본 이름은 '카파(Kappa)'로, 세계적인 커피 원산지이다. 이 지역은 인구의 95% 이상이 이슬람교도들인데, 짐마의 교회에 큰 부흥이 일어나자 급진적 이슬람교도들이 흥분하여 63

개의 교회에 불을 지르고 폭동을 일으킨 사건이 있었다. 현지인들의 열망에 의해 치유와 회복의 차원에서 말씀 집회를 하게 되었는데, 3000명이 모이는 큰 역사가 일어났다.

그때 강사로 말씀을 선포할 때 하나님께서 "짐마 지역의 부흥과 변혁을 위해 금식을 선포하라."라는 강한 마음을 주셨다. 그래서 짐마를 위한 40일 금식을 선포하고 같이 뜨겁게 기도했다. 그렇게 집회를 마치고 귀국했는데 얼마 후 그들이 간절한 마음으로 릴레이 금식을 하고 있다는 보고를 받았다. 그 소식을 듣고 가슴이 뜨거워졌다. 곧바로 사랑의공동체 기관의 리더와 임원 40여 명을 모아 에티오피아로 갔다. 그때부터 본격적인 짐마 사역이 시작되었다.

사실 에피오피아는 한국 전쟁에 참전했던 혈맹국이라고 할 수 있다. 당시 셀라시에 황제의 황실 근위대 6000명이 참전했는데, 그들은 '강뉴부대'라고 불렸고, 한국전의 크고 작은 전투에서 253전 253승이라는 진기록을 남긴 것으로 유명하다. 그런데 1980년대에 겪은 극심한 기근과 대규모 기아로 인해 빈곤에서 헤어 나오지 못하는 에티오피아를 바라보며, 우리가 사랑의 빚을 진 나라이기에 더욱 마음에 큰 부담을 느끼곤 했다. 그래서 1997년에 국제사랑의봉사단을 이끌고 에티오피아를 처음으로 방문하게 되었다.

선교 특전단 단원들이 에티오피아 짐마 지역 대도교회에서 어린이들을 축복하고 있다.

그들이 교회에서 금식을 하며 주님께 매달리는 모습과 이슬람교도들에게 열정적으로 복음을 전하는 모습을 보며 큰 감동을 받았다. 또한 아프리카에서 식민 통치를 받지 않은 유일한 국가로서의 자긍심과 품격을 가진 나라임을 알고 매력을 느끼게 되었다. 아프리카에서 선교 대국이 될 수 있는 엄청난 잠재력이 있음을 보게 된 후에는 이 나라를 위해 더욱 간절히 기도하게 되었다.

평소 김준곤 목사님은 "돈을 보내 주는 것보다 가서 손 한 번 잡아 주는 인격적 터치가 중요하다."라고 역설하셨다. 일단 가야 한다. 그 땅을 밟고 그 땅을 위해 기도하며 타문화를 섬기는 체험을 해야 한다. 그러면 모든 사람들 안에서 하나님의 형상을 발견하게 되고 새로운 세계가 열린다.

초기에는 '러브 에티오피아(Love Ethiopia)'라는 이름으로 의료 사역, 교육 사역, 스포츠 및 비즈니스 사역(BAM)을 비롯한 복음 전파를 위한 총체적 선교를 시도했다. 후기에는 지도자 집중 훈련과 청년들에게 선교의 꿈을 심는 '미션 에티오피아(Mission Ethiopia)' 사역으로 전환했다. 도중에 엄청난 방해와 역경과 좌절이 있긴했으나 절대 감사로 이겨 내며, 줄기차게 복음의 씨앗, 사랑의 씨앗, 선교의 씨앗을 심었다. 지금까지 짐마를 중심으로 대도, 아가로, 아코, 툴레마, 고까, 토바에서 사역을 했다. 지역 이름만 들어도 감동이 밀려오고 잊을 수 없는 얼굴들이 눈에 아른거린다.

Story **24**

쿠미대학교

> 경영의 본질은 차이를 만들어 내는 것이고,
> 리더십의 본질은 스토리를 창출하는 것이다.

경영의 본질은 차이를 만들어 내는 것이고, 리더십의 본질은 스토리를 창출하는 것이다. 어느 날 우간다 쿠미대학교에 파송된 국제사랑의봉사단의 허종학 대표로부터 연락이 왔다. 이 대학을 맡아서는 안 되는 20가지 이유를 보내왔다. 특히 신입생이 반으로 줄어 폐교 위기에 있는데 직원들로 구성된 대학 의회가 급여를 50% 인상하기로 했다는 점이 가장 마음에 걸렸다.

그래도 약속된 모임이었기에 국제 구호 개발 비정부 기구(NGO) 기아대책의 고 정정섭 회장과 함께 졸업식에 참석했다. 그 전날 우간다 엔테베 공항에 도착해 무려 9시간을 비포장도로로 달려왔기 때문에 몸은 지칠 대로 지쳐 있었다. 그래서 아침을 금식하며 법인 이사회에 참석했는데, 이 대학의 설립 주체인 정 회장이 차기 이사장 겸 챈슬러(Chancellor, 오너십을 가진 총장)로

나를 지명했다. 그래서 '도저히 못하겠습니다.'라고 하려고 입을 여는데 내면에서 강한 음성이 들려왔다. "어차피 너는 못한다. 내가 한다." 결국 그 제안을 '아멘'으로 수용하게 되었다.

쿠미대학교는 20여 년 전에 한국 선교사가 해외에 설립한 최초의 크리스천 종합 대학교이다. 쿠미라는 우간다 오지에 50여 명의 교직원과 1300명 내외의 학생들이 있는 소규모 대학이다. 그래도 지난 20년 동안 수많은 크리스천 리더들을 키워 내어 주지사만 2명을 배출한 영향력 있는 학교이다.

우간다는 국가 평균 연령 15세로 세계에서 가장 젊은 나라이며, 가임 여성 1명당 출생아 수가 평균 7.0이 넘는 세계 1위의 다출산 국가이다. 쿠미대학교는 지난해 사범 대학만 700여 명의 졸업생을 내며 크리스천 교사들을 공급하고 있다. 누가 아프리카 영혼들의 마음의 주인이 될 것인가를 놓고 영적 싸움이 치열하게 벌어지고 있는 가운데, 쿠미대는 이슬람의 남진을 저지하는 최전선에 있다. 교수촌인 모라이까라에서 매년 열리는 중보 기도회는 그만큼 뜨겁고 간절하다.

대학 경영을 맡은 초기에 학생들이 데모하며 캠퍼스에 불을 지르는 사태가 벌어져 마음이 무너져 내리는 고통을 겪기도 했고, 모든 리더십들이 사퇴하는 아픔도 있었다. 감사하게도 지금 쿠미대학교는 팬데믹으로 인해 우간다의 대학들이 급여를 지

쿠미대학교 챈슬러인 황성주 회장이 2018년도 졸업식에 참여하기 위해 졸업식장에 입장하고 있다.

급하지 못하는 현실에서 급여가 나가는 유일한 대학이 되었다. 홍세기 총장을 비롯한 훌륭한 교수들이 학생들을 사랑으로 섬기며 평판과 신뢰를 쌓아 온 결과이고, 강력한 중보 기도팀으로 구성된 후원자들이 헌신한 열매이다. 최근 전 세계 교육학자들과 함께《세 번째 교육 혁명(The Third Education Revolution)》이라는 책을 펴낸 비샬 망갈와디(Vishal Mangalwadi) 박사는 쿠미대학교에서 힌트를 얻어 전 세계 교회의 인프라를 100% 활용해 저렴한 학비로 대학 교육을 받을 수 있는 킹덤 교육의 허브(KEH)를 꿈꾸고 있다. 놀랍게도 최고의 인재를 키우는 '영역 선교', 우간다의 오지라는 '개척 선교', 아프리카의 질병과 먹거리 문제를 해결하는 '이슈 선교'라는 3가지의 선교 쟁점이 만나는 지점에 쿠미대학교가 있다. 그리고 세계적인 선교학자 랄프 윈터 박사가 현대 선교의 맹점 중 하나로 중요하게 지적한 고등교육(대학·대학원 교육) 영역에서의 실패를 만회할 은혜를 구하고 있다.

Story **25**

영적 담금질

> 빈대에 물리며 밤잠을 설치고, 하루 종일 가려움증에
> 시달리는 고통을 당하며, 나는 새로운 차원의 감사를
> 알게 되었다. 마음속 깊은 곳에서부터 길어 올리는
> 감사의 샘물의 깊은 맛을 알게 된 것이다.

━━━━

성경은 일의 효용성보다 안식의 중요성을 강조하고 있다. 안식이란 내가 죽는 것이고 내 삶의 주인이 되는 자리에서 내려오는 것이다. 질적 시간을 확보하기 위해 공간 확장을 포기하는 것이다. 임시로 맡았던 삶의 주도권을 본래의 주인에게 양도하는 것이다.

2015년 초 아내와 나는 아들과 딸, 사위가 이미 수료한 미국 하와이 코나 열방대학의 DTS(예수제자훈련학교) 훈련을 받기로 했다. 2007년 콜로라도에서 영적 재충전의 시간을 가지고 난 이후 7년 만에 다시 찾아온 안식의 기회였다. 하와이 코나에서 기억에 남는 것은 무지개다. 섬의 구석구석에 거대한 겹무지개가 하늘을 덮는 장관이 펼쳐졌다. 코나 일정은 마치 무지개처럼 피

어난 축제의 삶이었다. 코나에서 3개월을 보내며 감사가 넘쳤다. 영적 담금질과 안식, 사색의 시간을 주셔서 주님을 더 깊이 알아가는 감격을 맛보았다. 예배드리는 시간에는 예배에 참석한 모든 이들과 함께 춤을 추며 경배와 찬양을 주님께 올려 드리는 축제의 예배를 마음껏 누릴 수 있었다. 또한 역할 모델이 될 수 있는 인격과 사역의 경험을 겸비한 영적 거장들과 좋은 동역자들을 만나 깊은 영적 터치를 받았다.

코나에서 훈련받을 때 '워크 듀티(Work Duty)'라고 불리는 노동 시간을 통해 가장 큰 은혜를 받았다. 3개월 동안 주 5회 하루 2시간씩 노동 사역을 하는 것인데, 학교 입구에 있는 '임팩트 빌딩'을 청소했다. 그 빌딩의 22개의 쓰레기통과 4개의 화장실을 청소했다. 서울대병원 인턴과 3 사관 학교 군의관 훈련 시절 이후로 처음 해 보는 밑바닥 경험이었다. 그런데 그 시간이 엄청난 은혜의 시간이었다. 아열대 더위 속, 큰 쓰레기통 2개를 밀면서 쓰레기차로 이동하는 시간을 통해 나는 주님의 임재를 경험했다.

코나에서 훈련을 받는 동안 한 가지 당혹스러운 일을 겪었다. 렌트한 집에 들어온 첫날에 자고 일어나 보니 하얀 시트의 군데군데에 여러 개의 핏자국이 묻어 있는 것을 발견했다. 몸에 물린 자국이 있는 것으로 보아 무슨 벌레가 있는 것으로 짐작은 했지만 대수롭지 않게 생각했다. 현지인들은 침대에 빈대가 있을 가능성이 크다고 했다. 불편했지만 아침에 일어나면 무조건 감사했다. 당시 매일 감사 노트를 실천하고 있었기 때문에 '범사에 감

미국 하와이 코나 열방대학 DTS 수료식에서
한국 학생들과 함께 기념 촬영을 하고 있는
황성주 회장 부부.

사하라.'라는 말씀에 순종했다.

 문제는 두 달 정도 지났을 때 나타났다. 강의와 예배를 통해 큰 은혜를 경험하고 있었는데 빈대들이 온몸을 공격해 극심한 가려움증에 시달렸다. 원인을 찾아내기 위해 조사해 보니 내가 쓰던 침대 매트리스가 빈대들의 서식처였다. 이 지역에서 나타나는 빈대를 '불사조 빈대'라고 하는데, 생존 능력이 뛰어나 먹지 않고도 3개월을 버틴다고 했다.

 어느 날 캠퍼스에 있는 십자가 나무 아래에서 묵상을 하고 있는데 감사해야 할 이유가 떠올랐다. 그동안 한 번도 빈대에 안 물리고 산 것이 너무 감사했다. '주님. 어젯밤 빈대에 물리지 않게 해 주셔서 감사합니다.' 하고 기도했다. 그 감격과 은혜와 감사는 경험해 본 사람이 아니면 도저히 이해할 수 없는 것이었다. 밤새 빈대에 물리는 것에 비하면 밤잠을 조금 설치는 것쯤은 아무것도 아니었다. 빈대에 물리며 밤잠을 설치고, 하루 종일 가려움증에 시달리는 고통을 당하며, 나는 새로운 차원의 감사를 알게 되었다. 마음속 깊은 곳에서부터 길어 올리는 감사의 샘물의 깊은 맛을 알게 된 것이다. '빈대 사건'으로 주님은 나를 지극히 겸손하게 만드셨다.

Story **26**

5 베이직 운동

5 베이직을 통해 젊음과 건강을 회복하는
사람들이 많아졌는데, 평생 연구한 예방 의학의
결실을 보는 것 같아 가슴이 뿌듯했다.

빈대 사건으로 많은 감사가 터져 나왔다. 이 사건 이후 《절대 감사》(규장)라는 책이 나왔고, 1년 동안 세계 각국을 돌며 무려 60회의 감사 집회를 하게 됐다. 빈대가 붙인 감사의 불이 세계로 번진 것이다.

나에게 감사의 신세계를 열어 주신 분은 IBLP의 설립자 빌 가서드(Bill Gothard) 박사이다. 그를 통해 모든 짜증 요인을 감사로 바꾸는 비결을 알게 되었다. 대부분 짜증은 자신의 안전이 위협받는다고 느낄 때 생긴다. 분노는 나의 소유나 권리를 빼앗겼을 때 생긴다. 바로 그때 이 모든 것을 지금까지 누리게 하신 분이 하나님이라는 것을 기억하면 감사의 놀라운 세계가 열린다. 모든 짜증과 분노는 주님이 주신 특혜를 당연한 권리로 인식할 때 생겨난다. 이를 바로잡는 것이 절대 감사를 통한 은혜의 고백이다.

어린 시절 나의 내면 세계에 구멍을 뚫어 버린 아버지의 가정 폭력이 축복이었음을 비로소 알게 되었다. 이것이 감사할 일임을 믿고 나서야 온전한 치유를 경험할 수 있었다. 그리고 내적 치유의 완성이 감사라는 사실도 깨닫게 됐다. 마음속 쓴 뿌리가 다시 올라오지 못하도록 하는 영혼의 뚜껑을 발견한 것이다. 매일 주님께 드리는 다섯 가지 감사를 통해 전인 치유와 회복은 물론 더 놀라운 은혜, 광범위한 변화를 경험하고 있다.

더 놀라운 은혜는 절대 감사를 통해 '5 베이직'이라는 전인 건강 운동이 탄생한 것이다. 5 베이직은 원래 '한 끼 생식 먹기, 만 보 걷기, 오 감사 적기'라는 세 가지 일을 매일 실천하는 건강 운동에서 시작되었다. 나의 삶 속에서 몸소 체험하며 얻은 건강 노하우를 보편화시킨 것이다. 창세기 1장 29절에 근거한 태초의 식사이자 최상의 자연식인 생식을 하루 한 끼 먹다 보니 모든 세포가 새롭게 되는 은혜가 있었다. 매일 만 보를 걸으니 온몸이 깨어나고 신체 기능과 사고 기능이 활성화되었다. 매일 다섯 가지 감사를 실천하니 신체적, 정신적, 영적 스트레스로부터 해방감을 누리게 됐다. 여기에 '바이블 타임'이라는 성경 묵상과 '블레싱 타임'이라는 영혼 사랑을 더해 현재는 5 베이직 운동이 정착됐다.

황성주 회장과 사랑의공동체 리더들이
2015년 경기도 광주 진새골에서
감사 축제를 열고 있다.

건강은 프로젝트가 아니고 라이프 스타일의 열매이다. 아무리 좋은 원리라도 직접 실천하며 체험해야 현실화될 수 있다. 5 베이직을 통해 젊음과 건강을 회복하는 사람들이 많아졌는데, 평생 연구한 예방 의학의 결실을 보는 것 같아 가슴이 뿌듯했다.

한번은 KBS의 〈비타민〉이라는 프로그램에 출연한 적이 있었는데, 당시 제목이 '11가지 직업을 가진 남자'였다. 의사이자 목사이자 교수로, 병원 경영자이자 비즈니스맨으로, 저술가이자 여행가로, NGO 설립자이자 대안 학교 설립자로 살아가는 '멀티 플레이어의 전형'으로 소개된 것이다. 내가 이렇게 살 수 있었던 것은 건강하게 살 수 있는 시스템을 구축하게 하신 하나님의 은혜가 있었기에 가능했던 일이다.

모든 영역으로 사역이 확산되다 보니 '선택과 집중'의 중요성과 함께 '사역의 질'은 '건강의 질'과 직결되는 것임을 깨닫게 되었다. 특히 일을 끝맺을 때 절대 감사로 마무리해야 한다는 사실을 깨닫게 되면서 한 가지를 매듭지으면 새로운 일에 에너지를 집중할 수 있는 여유가 생겼다. 이때부터 '킹덤 드림'의 기존 엔진에 '절대 감사'라는 또 하나의 엔진이 장착되어 사역에 가속도가 붙기 시작했다.

Story **27**

이롬플러스

경쟁이 치열한 비즈니스 현장에서 세상 문화에 맞서 사랑과 섬김, 복음과 선교를 강조하며 일터 현장 속에서 믿음을 실천하고 있다.

조선 후기의 거상 임상옥은 '장사는 사람을 남기는 것'이라는 유명한 말을 남겼다. 세계 기독교 공동체 운동을 연구하면서 모라비안 선교 경제 공동체가 가장 기억에 남는다. 이를 모델로 삼아 1세기의 성경적 경제 공동체를 현대화하고 확산시킬 수 있는 방법이 어떤 것이 있을지 깊이 생각했다. 그러다 연구한 것이 '네트워크 마케팅'이었다.

이 방식은 다단계로 알려져 부정적인 이미지가 남아 있지만, 놀랍게도 그 원칙은 성경적이라고 할 수 있다. 다른 사람을 잘 섬길수록 결과적으로 내가 성공하는 시스템이다. 서번트 리더십을 실천할 수 있는 기가 막힌 시스템인 셈이다. 그래서 2018년 6월, '이롬플러스'라는 이름의 하나님 나라를 위한 네트워크 회사를 설립했다. 초기에는 엄청난 반대에 부딪혔다. '황 박사가 돈

독이 올라 이제는 다단계에까지 진출하려고 한다.'라는 소문이 나며 대외적으로도 비판의 목소리가 높아졌다. 이런 방식을 따르는 회사들이 맘모니즘의 온상이 되어 가고 있는 것이 현실이기 때문에 반대의 의견도 나름 타당성이 있었다.

이때 생각난 분이 영국 에버딘대학의 앤드루 월스(Andrew Walls) 교수였다. 그는 기독교 영성의 핵심은 '침투성'이라고 정의했다. 유대적 기독교가 로마 세계에 침투함으로 보편성을 확보했고, 로마의 기독교는 게르만 세계에 침투함으로 유럽을 구원했고, 루터와 칼뱅은 종교 개혁을 통해 문화와 사회 속에 침투해 서구 문화를 이끌어 갔고, 유럽의 기독교는 신대륙에 침투하고 미국의 기독교는 제3 세계에 침투함으로 글로벌 기독교가 되었다고 했다.

이제 마지막 남은 선교의 미개척지는 '영역(scope)'이다. 지금은 비즈니스와 미디어 세계에 깊숙이 침투할 시기이다. 이러한 상황에서 "천국은 침노를 당하나니(the Kingdom of heaven has been forcefully advancing-NLT)"라는 마태복음 11장 12절 말씀이 큰 힘이 되었다. 그래서 '섬기는 리더를 키우자', '기부를 위해 사업하자', '자비량 선교 운동을 일으키자'라는 비전으로 이롬플러스를 론칭했다. 2019년 창립 1주년 기념 대회 당시 6000명이었던 회원이 지금은 7만여 명으로 늘었다. 우리는 회사를 모라비안 공동체를 모델로 삼아 '이로미안 공동체'라고 부르고 있다.

2019년 6월 이롬플러스 창립 1주년 기념 대회에 참석한 이로미안들이 '이웃 사랑 과학'이라는 슬로건을 내걸고 빛과 소금의 역할을 다할 것을 다짐하고 있다

　돈을 벌기 위해 이롬에 온 많은 사람들이 이롬이 추구하는 킹덤 드림에 매료 되는 것을 보았다. 나는 기회가 있을 때마다 '이로미안'들에게 '사랑의 혁명'이라는 꿈을 분양하고 있다. 하나님이 나에게 주셨던 모든 은혜와 선교적 비전을 이로미안들과 나누며 지상 명령 성취를 위해 함께 기도한다. 회사 프로모션으로 에티오피아, 우간다 등의 선교 현장을 방문하는 프로그램을 가진 회사는 없다. 돈을 많이 벌수록 기부를 많이하는 영적 생태계를 가진 회사는 드물것이다. 경쟁이 치열한 비즈니스 현장에서 세상 문화에 맞서 사랑과 섬김, 복음과 선교를 강조하며 일터 현장 속에서 믿음을 실천하고 있다.

　지난 2월에 열린 구국 금식 기도회에서 나라와 민족을 위해 열정적으로 기도하는 이로미안들을 보고 큰 감동이 밀려왔다. 2030년까지 10억 인구를 구원하자는 '빌리언 소울 하베스트' 운동에 기도 특전단으로, 선교 특전단으로 헌신한 대부분의 사람들도 이로미안들이다.

Story **28**

통일 한국

> 통일 한국이 되면 우리나라는 선교 강국으로서의
> 영향력이 더욱 확대될 뿐만 아니라 세계의 분쟁을
> 해결하는 평화 대국이 되고, 받은 은혜를 전 세계에
> 흘려 보내는 축복의 통로가 될 것이다.

2020년 초, 팬데믹이 중국에 이어 한국을 강타했을 때 나는 무슬림 난민 사역을 위해 그리스 레스보스섬에 가 있었다. 터키와 가장 가까운 이 섬은 시리아 내전을 피해 유럽으로 향하던 난민들이 파도에 휩쓸려 죽은 곳으로 많이 알려진 섬이다.

백만 그루의 올리브나무가 있는 너무나 아름다운 지중해 섬이지만 비극의 현장이었다. 당시에도 터키가 국경을 열자 시리아 난민들이 구명조끼를 입고 이 섬으로 몰려오고 있었다. 더 큰 문제는 난민들이 우리의 봉사를 거부한다는 것이었다. 당시는 중국에서 발생한 코로나 19가 한국에 막 상륙했다는 뉴스가 전세계에 보도된 직후였기 때문에 한국인들은 기피 대상이었고, 사역 대상인 그들이 오히려 우리를 안타깝게 여기며 걱정해 주는 상

황이었다. 그들을 섬기며 정처 없이 떠도는 난민들의 심정이 어떤 것인지 더 깊이 이해하게 되었다.

전 세계 난민은 약 8000만 명으로 그야말로 나그네들이다. 대부분 복음에 닫혀 있는 이슬람 국가에서 왔는데, '땅 끝까지 가라.'라는 주님의 말씀에 우리가 순종하지 않자 주님이 그들을 흩어 내보내신 것이다. 팬데믹으로 그들을 돌보기 어려운 상황이고 더욱이 복음 전도나 제자 훈련은 엄두도 내기 어려운 상황에서 반전의 역사가 일어났다. 다행히 그들은 대부분 스마트폰을 가지고 있었기에 화상 예배가 가능했다. 그래서 개종자들이 있는 텐트마다 가정 교회가 시작됐다. 그래서 '난민이 난민에게' 복음을 전하는 새로운 선교 전략이 시작됐다.

난민을 생각하다 보니 한반도 북쪽에 갇혀 있는 2500만 난민들이 생각났다. 세계를 품고 기도하다 보면 항상 걸리는 것이 북한이다. 지상 명령의 범위는 '예루살렘과 온 유대와 사마리아와 땅끝'인데 세계 선교에서 항상 사마리아인 북녘 땅을 건너뛰는 아쉬움이 있다. 그리디 UN 장애인 협약 이행을 위한 조사단으로 2018년 두 번째로 평양을 방문하게 되었는데 정말 감회가 새로웠다. 평양 지역은 물론 개성과 원산, 금강산과 마식령을 돌아보며 계속 땅 밟기 기도를 했다. 그리고 평양 김일성 광장에서 '선교 통일'을 선포하며 감격스러운 기도를 하게 되었다.

황성주 회장이 2018년 평양 김일성 광장에서 "주여! 남북이 하나 되어 세계 복음화를 완성하게 하옵소서." 라는 기도를 하고 선교 통일을 선포하고 있다.

1990년대 후반 북한에서 고난의 행군이 계속될 때 만주를 간 적이 있었다. 그때 같이 간 선교사님이 놀라운 말을 했다. "남북이 통일되면 영토가 수십 배로 늘어나고 인구도 4억에 달하는 '그레이트 코리아(Great Korea)'가 됩니다. 경제력과 문화적 흡입력을 고려하면 사실상 동북 3성은 한국 땅입니다. 러시아의 연해주나 사할린도 한국 땅입니다. 알타이어족인 카자흐스탄과 우즈베키스탄 등 중앙아시아는 물론 터키까지 한국의 영향권에 들어오기에 한국은 유라시아를 지배하는 그레이트 코리아가 됩니다." 나는 속으로 '맞다, 맞네.' 하며 그 통찰력에 감탄했다.

그러면서 13세기 대초원을 지배했던 몽골 제국이 생각났다. 그들은 무력으로 유라시아를 정복했지만 우리는 성경에 기초한 '서번트 리더십'으로 그 땅을 정복할 수 있으리라는 확신이 들었다. 말 그대로 '사랑으로 세계를 품는 원대한 비전'이 민족의 가슴에 심어지는 것이다. 통일 한국이 되면 우리나라는 선교 강국으로서의 영향력이 더욱 확대될 뿐만 아니라 세계의 분쟁을 해결하는 평화 대국이 되고, 받은 은혜를 전 세계에 흘려 보내는 축복의 통로가 될 것이다. 이런 비전을 가지고 2018년 9월 선교통일한국협의회를 설립했다.

Story **29**

10억 영혼 추수

팬데믹으로 혼란스러운 지금이
오히려 복음 전파의 호기, 선교의 황금기이다.

2020년 가을, 미국 뉴욕은 복음의 향기로 물들었다. 코로나19 팬데믹 상황에서도 450개의 한인 교회가 연합해 '할렐루야 2020 집회'를 강행했다. 나는 이 대회에서 말씀을 선포하면서 큰 은혜를 받았다. 이 집회를 준비하면서 모든 성도가 거룩한 그리스도의 신부로 회복되고 사명자로 세워지는 역사가 일어나길 기도했다.

놀랍게도 모든 교회가 '사도행전적 교회로 선교적 야성을 회복하는 비전'을 받아들였고, 모든 성도가 '지금 있는 현장에서 복음의 불씨가 되고 땅끝까지 증인이 되는 비전'을 받아들였다. 뉴욕에 이어 방문했던 콜로라도에서는 한국의 선교 비전이 세계화되는 2030년 글로벌 목표(Global Target 2030) 선포와 현판식이 있었는데, 미국에 있는 영적 리더들과 선교 리더들도 흥분하며 이 비전에 기쁨으로 동참했다.

그분들과 기도하다가 2005년에 내가 참여했던 댈러스 모임이 생각났다. 당시 '빌 브라이트 이니셔티브(Bill Bright Initiative)'라는 모임이 열리고 있었는데, 이는 대학생선교회(CCC) 설립자인 빌 브라이트(Bill Bright) 박사가 유언한 '빌리언 소울 하베스트(Billion Soul Harvest)'를 집행하기 위해 세계적인 추수꾼들이 모이게 된 것이다. 나는 공교롭게도 그 모임에 초청받아 가게 된 것이다.

이후 그 모임은 계속되지 못했지만, 지난 2020년 10월에 콜로라도 스프링스에서 세계적인 리더들이 모인 자리에서 '빌리언 소울 하베스트(Billion Soul Harvest)'라는 비전을 나누게 되었다. 이를 위해 전 세계 교회와 선교 기관들이 위대한 연합을 이루어 남은 과업을 완수해야 한다는 공감대가 형성되었는데, 정말 놀라운 은혜가 아닐 수 없었다. 2030년까지 10억의 인구를 구원하자는 최후의 비전, 현재 복음적 그리스도인을 10억으로 보고 이를 10년 안에 배가시키자는 비전을 공유했다. 여기에 참석했던 리더들은 가슴이 터질듯한 역사적인 시간이었다고 고백했다. 15년이라는 세월이 지난 후에 콜로라도 스프링스에서 이 비전이 다시 불타오를 줄은 아무도 몰랐을 것이다.

드디어 2021년 4월 콜로라도 킹덤드림센터에서 '빌리

세계 45개국 137명의 대표가
2021년 10월 미국 콜로라도에서 열린
'빌리언 소울 하베스트' 대회에서
선교 비전을 선포하고 있다.

언 소울 하베스트 글로벌 개더링(Billion Soul Harvest Global Gathering)'을 열었다. 일주일 전에 통보했음에도 불구하고 25명의 글로벌 리더들이 참석했다. 꼭 혁명 동지들이 모인 것 같았다. 이 모임에서 2021년 하반기에 전 세계 리더들을 불러 빌리언 소울 하베스트 비전을 선포하자는 중요한 합의가 이루어졌고, 결국 10월 3일에서 6일까지 콜로라도 스프링스의 역사적 장소인 '글렌 에리(Glen Eyrie)'에서 '빌리언 소울 하베스트 글로벌 서밋(Billion Soul Harvest Global Summit)'이 열렸다.

팬데믹 이후 영적 감각이 있는 사람이라면 누구나 느낄 수 있는 것이 있다. '모든 것이 한순간에 바뀔 수 있다.', '세계 질서는 한순간에 바뀔 수 있다.'라는 것이다. 진화론 체계에 익숙한 인류가 대격변의 가능성에 눈을 뜨게 되었다. 이제는 주님께서 다시 오실 날이 가까워졌다는 것을 아무도 부인할 수 없는 시대가 되었다. 팬데믹과 전쟁으로 혼란스러운 지금이 오히려 복음 전파의 호기, 선교의 황금기이다. 전 세계가 참된 진리에 목말라 하고 있다. 이때 감사하게도 '빌리언 소울 하베스트'라는 비전의 폭탄이 터진 것이다.

Story **30**

기도 특전단

대회가 끝나자마자
정확한 기도 응답을 확인하고 무릎을 꿇었다.
"모든 것을 주님이 하셨습니다."라고 고백했다.

빌리언 소울 하베스트 대회의 성패는 오직 주님의 손에 달려 있었다. 팬데믹 상황에서 꿈도 꿀 수 없는 일이었다. 기도 외에는 다른 방법이 없었다. 그래서 대회 80일 전에 이로미안들을 주축으로 하여 '기도 특전단'을 조직해 한국과 미국에서 기도를 시작했다. 30명의 기도 사역자가 70일 동안 대회 장소인 콜로라도를 비롯한 미국의 37개 주를 돌며 미국을 위해 축복하며 기도했다. 미국 곳곳에 있는 선교 운동과 기도 운동의 글로벌 리더들을 만나고 그들에게 도전하며 중보 기도의 배수진을 쳤다. 온 힘을 다해 70일간 무려 30,000km의 '기도행전'을 펼쳤다.

가장 잘한 일은 기도하기로 작정한 것이다. 10가지 기도 제목을 선포하고 기도에 전력했다. 그래서 대회가 끝나자마자 정확한 기도 응답을 확인하고 무릎을 꿇었다. "모든 것을 주님이 하셨습니다."라고 고백했다.

시작부터 마무리까지 강력한 아버지 하나님의 임재, 어린 양 예수 그리스도의 주도권, 강권적인 성령의 역사가 있었다. 세계적인 영적 거장들도 5분 안에 메시지를 끝냈고, 대부분의 시간을 찬양하며 합심 기도와 그룹 기도를 하고, 서로 사랑하고 축복하며 보냈다.

시작부터 감동의 물결이 몰려왔다. 둘째 날 밤과 셋째 날 밤에는 강력한 기름 부음이 있는 추수와 돌파에 대한 메시지가 선포되었다. 국가, 인종, 교파, 세대를 초월해 연합하고 화합하는 기쁨이 모인 모든 사람들 안에 충만했다. 기도 운동과 선교 운동이 하나로 엮였고, 복음주의와 은사주의의 화학적 결합이 이루어졌다. 시간이 갈수록 놀라운 은혜가 쏟아지는 축제의 도가니였다.

대부분의 글로벌 선교 운동과 기도 운동, 교회 개척 운동의 리더들이 참여하여 45개국에서 137명의 대표가 모인것은 놀라운 일이었다. 엄청난 열기 속에서 모든 것을 압도하는 하나님의 임재를 경험하며 모두가 하나 되는 것을 느끼는 경이로운 시간이었다. 마스크 없이 진행된 이 대회에서 한 명의 코로나 환자도 발생하지 않았고, 비상 약품을 준비했지만 아픈 사람도 없었다. 참석할 수 없는 상황에 있던 사람들도 대부분 미국 입국에 성공했다. 모든 것이 기적이었다.

　　　　미국과 각 대륙을 대표하는 섬김이들의 면모도 대단했지만, 대회에 참여한 모든 사람들이 자신을 비우고 낮아져서 거룩(holy), 겸손(humble), 은닉(hidden)의 원칙에 따라 섬김의 공동체를 형성했다. 모든 리더들이 오직 하나님의 영광만이 드러나도록 기도하며 하나 되어 보좌 앞에 엎드렸다. 미디어 홍보를 통해 대회를 외부에 알리는 것은 일체 하지 않았고, 대회 기간 내내 '오직 하나님 앞에서' 행하는 원칙을 고수했다. 그동안 절박하게 기도했던 대로 모두가 코로나바이러스보다 강한 '복음의 바이러

황성주 회장과 기도 특전단이 2021년 10월 콜로라도에서 열린 '빌리언 소울 하베스트'를 통해 모든 것을 압도하는 하나님의 임재를 체험하고 있다.

스'에 감염되었고, 팬데믹보다 전파력이 빠른 '빌리언 소울 하베스트'라는 새로운 영적 팬데믹이 일어났다.

2022년 1월에는 3주간 '세이레 다니엘 금식 기도회'를 개최했다. 다니엘 금식을 하다가 나라를 위한 '구국 금식 기도회'를 하라는 강한 마음을 주셔서 이 비전을 목사님들과 공유했는데, 반응이 매우 뜨거웠다. 제20대 대선을 앞두고 많은 사람들이 '하늘 보좌를 움직이는 금식 기도'에 기쁨으로 동참했다.

Story **31**

기도의 씨앗

생명력의 근원은 줄기에 있는 것이 아니라 뿌리에 있다.
전도와 선교도 중요하지만 추수꾼을 보내 달라는
중보 기도는 더욱 중요하다.

제20대 대선 결과는 한 편의 각본 없는 드라마였다. 하나님의 역사에는 반드시 한 알의 밀알처럼 헌신적인 기도가 동반된다는 사실을 깊이 깨달았다. 빌리언 소울 하베스트를 위해 '기도 특전단'이, 대한민국의 뉴 시즌을 위해 '성도들의 기도와 금식'이라는 기도의 씨앗이 필요했다. 이 모든 과정을 통해 하나님의 세밀한 인도하심을 순간순간 느낄 수 있었고, 삶 속에 하나님의 임재가 스며드는 것을 느꼈다. 그리고 가장 연약한 사람과 보잘것없는 공동체를 들어 쓰시는 위대하신 하나님의 경륜을 찬양할 수밖에 없었다.

빌리언 소울 하베스트의 열매는 충성스러운 중보 기도자들의 기도에서 비롯된 것이다. 기도의 씨앗을 묵상하다 보면 현하은 자매가 생각난다. 그녀는 북한에서 조선족 전도자를 통해 복음을 받아 뜨거운 마음으로 많은 지하 교회를 개척했다. 그러다 결국 신분이 탄로 나서 체포되어 총살형이 집행되기 직전에 기적적으로 두만강을 건너 탈북했다.

현하은 자매를 통해 북한의 많은 지하 교회 성도들이 남한 교회와 세계 선교를 위해 얼마나 간절히 기도하는지 알게 되었다. 현하은 자매는 순교를 각오한 신앙생활을 해야 하는 북한에 비해 유혹거리가 넘쳐 나는 남한은 신앙생활을 하기 어려운 곳이라고 말하여 나에게 충격을 주었다. 북한에서는 순교를 각오하고 신앙생활을 하기 때문에 매순간 동행하시는 주님의 강한 임재를 그만큼 가까이서 느낄 수 있다는 것이다. 그녀는 직설적으로 믿음의 생태계라는 차원에서 북한은 천국, 남한은 지옥이라고 자주 말했다. 그래서 자기는 남한을 위해서만 간절히 기도한다고 말하며 매일 기도의 씨앗을 심었다. 자매는 2017년에 불의의 사고를 당해 그토록 그리던 하늘나라에 입성했다.

기도의 용장인 김태진 장로도 잊을 수 없는 분이다. 미국에서 삼성의 주재원으로 근무하다가 1985년에 주님의 강권적인 은혜와 사랑으로 변화되어 하나님의 자녀가 되었으며, 이후 오직 주님을 바라보며 믿음의 길을 갔다. 2000년부터 이롬에서 근무하며 사랑의공동체의 핵심 가치인 킹덤 비즈니스에 첫발을 내디뎠다. 이후 이롬 미국 법인 및 국제사랑의봉사단 미주 대표를 역임하며 킹덤 드림을 붙잡고 하나님 나라에 충성했다. 김 장로는

미국의 중보 기도자들이 2019년 말
한 알의 밀알처럼 살아온 김태진 장로의
임종을 지켜보고 있다.

이후 콜로라도에 거주하며 2007년부터 루이스 부시 박사를 포함한 미국 리더들과 '미국 변혁(Transform USA)' 중보 기도 운동을 일으키며 미국의 영적 대각성을 위해 12년 동안 목숨을 건 기도로 헌신했다. 그는 한국인이라는 약점과 영적 쇠퇴기에 들어서고 있는 미국의 어려운 상황에도 초지일관하며 흔들리지 않는 믿음을 가지고 미국 땅에 기도의 씨앗을 심었다.

안타깝게도 김 장로는 암으로 투병하다 2019년 연말 크리스마스가 지나고 눈 폭풍이 부는 날 천국으로 갔다. 암으로 투병하는 5년 동안 빠지지 않고 기도회를 인도하는 열정에 모든 사람들이 큰 감명을 받았다. 나는 그분의 장례식에 찾아온 무수히 많은 미국인들을 보며 놀라움을 금치 못했다. 한 달 후 추모 예배에는 미국 전역에서 영적 리더들이 몰려 왔다고 한다. 생명력의 근원은 줄기에 있는 것이 아니라 뿌리에 있다. 전도와 선교도 중요하지만 추수꾼을 보내 달라는 중보 기도는 더욱 중요하다. 순교도 중요하지만 순교적 삶은 더욱 의미가 있다는 것을 마음속 깊이 깨달았다.

Story **32**

나의 어머니

세상에서 가장 강한 존재,
모든 사람의 가슴을 뭉클하게 만드는 단어,
바로 '어머니'이다.

　　　세상에서 가장 강한 존재, 모든 사람의 가슴을 뭉클하게 만드는 단어, 바로 '어머니'이다. 2015년 어머니가 위독한 상황에서 몇 번이나 자녀들을 불러 모았다. 고통 가운데 계셨던 어머니의 부탁은 '하나님이 빨리 데려가시도록 기도하라'는 것이었다.

　　　당시 나는 미국 하와이 코나 열방대학에 공부하러 가야 하는 상황이라 아주 난감했다. 그러다가 어머니께 감사의 편지를 쓰고 코나로 향했다. 어머니가 잘 볼 수 있도록 10가지 감사 제목을 만들어서 벽에 붙여 놓았다. "어머니, 감사합니다. 어머니는 제게 선물입니다. 살아계셔서 감사합니다. 오래 사셔서 계속 기도의 사명을 감당해 주세요. 평생 사랑해 주셔서 감사합니다."

　　　감사가 기적을 낳았다는 낭보를 들었다. 어머니가 아들이 쓴 편지를 보고 건강이 완전히 회복되었다는 것이다. 병석에서 일어나 조금씩 걸어 다니시더니 점점 좋아져서 가끔 밖에도 나갈 정도로 건강을 되찾았다는 것이다. 나중에 귀국해서 어머니를 뵈었는데 육신의 회복은 물론이고 정신까지 맑아지고 특유의 기품을 회복하셔서 너무 기뻤다. 아들의 감사를 통해 자신이 살아야 할 이유, 즉 자신의 존재 이유를 발견하신 것이다. 이를 통해 감사의 충격적인 임상 효과는 물론 '이중 감사'의 중요성을 깨닫게 되었다. 어머니로 인해 기존의 절대 감사에 모든 만남에 감사하는 이중 감사의 날개를 달게 되었다.

하지만 어머니도 가는 세월을 막을 수는 없었다. 건강을 회복한 어머니는 2019년 초 92세의 나이로 천국에 입성하셨다. 발인 예배에서 어머니의 삶을 회고하다가 갑자기 눈물이 터져 나와 조사가 엉망이 되었다. 나보다 앞서서 조사를 한 형님인 황학주 시인은 자신의 묘비에 '세상에서 가장 좋은 어머니를 만나고 간 사람'으로 기록해 달라고 말했다. 또한 "내가 너 때문에 다른 기도를 못한다."라고 말씀하신 어머니의 아픔과 애통한 마음을 잘 전달해 듣는 이들의 가슴을 뭉클하게 했다.

하나님은 어머니를 통해 '은혜와 긍휼, 사랑과 헌신'이라는 개념을 이해할 수 있게 해 주셨다. 어머니는 가셨지만, 기적의 선물을 남기셨다. 3명의 자녀, 9명의 손주, 10명의 증손을 남기셨다. 어머니는 진정한 가족이 무엇인가에 대해 다시 생각하게 했

황성주 회장의 어머니 남연순 권사가
소천하기 9년 전인 2010년 5월에
용인자연농원 화단의 철쭉 앞에서
온화한 미소를 짓고 있다.

고, 우리로 하여금 많은 은혜를 누릴 수 있게 해 주셨다. "누구든지 하늘에 계신 내 아버지의 뜻대로 하는 자가 내 형제요 자매요 어머니이니라."(마 12:50)라는 예수님의 선포를 소중히 여기게 되었고, 새 계명으로 주신 "서로 사랑하라. 내가 너희를 사랑한 것 같이 너희도 서로 사랑하라."(요 13:34)라는 말씀에 따라 영적 가족인 '킹덤 패밀리' 확장에 몰입하고 있다. 이 모든 게 어머니가 주신 기적의 선물이다.

우리는 부모님으로부터 수만 가지 은혜를 입었음에도 한두 가지 또는 서너 가지 섭섭한 일로 감사하지 않을 때가 많다. 도스토옙스키가 말한 대로 '인간은 어처구니없을 정도로 감사할 줄 모른다.'라는 것이다.

"아, 나의 어머니 남연순 권사님! 당신의 헌신적인 사랑과 뜨거운 눈물의 강. 그것은 내가 물려받은 가장 소중한 믿음의 자산입니다." 하지만 나에겐 어머니처럼 후손들에게 물려줄 사랑과 눈물이 없다. 그래서 오늘도 조용히 어머니의 이름을 불러 본다.

Story **33**

푯대를 향해
달려가며

날마다 지나간 일은 잊어버리고
내 앞에 놓여 있는 일에 초점을 맞추리라.
하나님이 주신 푯대를 향하여 달리며
나의 남은 에너지를 남김없이 불태우리라.

인상파 화가인 클로드 모네(Claude Monet)는 43년을 지베르니의 정원에 살며 수련을 그렸다. 그는 "오래 들여다보면 깊이 보인다."라는 유명한 말을 했다. 코로나19 팬데믹 종착점에서 '역경의 열매'를 국민일보에 연재하다가 나의 인생을 깊이 들여다보게 되었다.

감사하게도 대학 시절, 예수 그리스도 안에서 하나님을 만나 '자유인'이 되었다. 내면을 탐구하다 관계 치유를 경험하며 내적으로 더 큰 자유를 누리게 되었다. 틈틈이 여행하고 시를 쓰면서 자유의 영역이 넓어졌다. 성경에서는 다윗의 시편과 바울의 로마서를 연구하면서 놀라운 자유를 경험했다.

특히, 생식을 개발하고 건강식을 탐구하면서 자연과의 일체감을 느끼게 되었다. 암 치료에 있어서 현대 의학에 자연 의학을 접목한 것도 큰 유익이 있었다. 몸의 영성을 알게 되어 포괄적인 성서 건강학을 정립한 것도 큰 은혜였다.

미국 콜로라도에 와서 대자연을 통한 타자성을 경험하고 나서 '자연인'이 되었다. 콜로라도에서 1박 2일짜리 골든 7코스를 개발하여 수많은 방문자를 자연인으로 변모시킨 즐거움도 잊지 못할 것이다. 또한 덴버신학교의 브루스 더마레스트(Bruce Demarest) 교수를 만나 영적 여정을 이해하며 영적 차원에서 자연인의 의미를 알게 되었다. 자녀 교육의 영역에서도 자녀를 통제하려고 하기보다 자녀 안에 내재되어 있는 하나님의 형상이 드러날 수 있게 해야 한다는 자연주의적 교육 원리를 터득했다. 골프를 칠 때와 비슷하게 사역을 할 때에도 '힘을 빼야 한다'는 원리를 알게 되었다.

지난 40여 년간 앞만 보고 열정적으로 복음을 외치고 말씀을 선포했다. 병원, 비즈니스, 학교, 미디어, 가정, NGO(비정부 기구) 등 모든 영역에서 증인의 삶을 살고 전 세계를 다니며 선교에 목숨을 걸었다. 피상적으로는 그런대로 괜찮아 보인다. 그러나 표면적 관찰에서 벗어나 나 자신을 깊이 들여다보는 성찰의 단계로 들어가자 문제들이 하나둘 눈에 들어왔다. 매일 성경을 읽고 묵상하다 보니 거울을 바라보듯 내면을 성찰하게 됐다. 삶

황성주 회장이 2021년 여름 지리산
대포마을 삼장천 맑은 물에 발을 담그고
'소확행(소소하지만 확실한 행복)'을
체험하고 있다.

을 역사로 보고 매일의 삶을 복기하듯 범사에 감사하다 보니 '자성인'이 되었다.

아직도 세상의 영향력에서 벗어나지 못한 연약함과 뿌리가 약한 믿음을 한탄하게 된다. 사람을 의식해서 성경대로 마음껏 말씀을 선포하지 못하니 삯꾼 목자요, 성경을 가르치지만 말씀대로 살지 못하니 영적 사기꾼임을 고백하지 않을 수 없다. 그 폭포수와 같은 사랑과 은혜를 받고도 제 역할을 못하니 죄인 중의 괴수요, 세계 선교와 영혼 구원을 외치면서 가장 가까운 가족조차 사랑하지 못하니 어찌 위선자가 아니겠는가. 기도를 많이 하지 못하면서 '기도의 사람'인 척해야 하니 외식하는 자나 다를 바 없다. 인생의 성취가 수많은 동역자들의 수고에 기초한 것임에도 불구하고 내가 한 것처럼 가끔 우쭐대는 천박함이 안타깝기만 하다.

나는 아직 불완전하지만 하나님의 형상을 따라 빚어지고 있는 줄로 믿는다. 날마다 지나간 일은 잊어버리고 내 앞에 놓여 있는 일에 초점을 맞추리라. 하나님이 주신 푯대를 향하여 달리며 나의 남은 에너지를 남김없이 불태우리라.

빛의 컨텐츠를
　　내뿜어라

초판 1쇄 발행 / 2025년 3월 24일

지은이 / 황성주
펴낸이 / 황학주
펴낸곳 / 발견
디자인 / (주)시아울
주소 / 강원특별자치도 횡성군 둔내면 우용로97번길 44 해밀리 512동
e-mail / balgyeonbook@naver.com

ⓒ 황성주 2025

- 잘못된 책은 구입한 서점에서 바꿔드립니다.
- 책값은 뒤표지에 있습니다.
- 이 책의 판권은 지자와 발견에 있습니다.
- 이 책 내용의 전부 또는 일부를 재사용하려면 반드시 지은이와 발견의 서면 동의를 받아야 합니다.